青山学院大学総合研究所
キリスト教文化研究部◉編

青山学院大学総合研究所叢書

贖罪信仰の社会的影響

旧約から現代の人権法制化へ

教文館

目次

大島　力

装丁　熊谷博人

はじめに

森島　豊

1　本書の目的

本書は青山学院大学総合研究所の中の研究プロジェクト「贖罪思想の社会的影響の研究」の三年間にわたる研究成果としてのプロジェクトメンバーによる論文集である。本キリスト教会の信仰の中心はイエス・キリストの十字架による罪の贖いという神の恵みである。本プロジェクトは贖罪信仰の成立とその信仰が持つ社会的影響を、人権の法制化に焦点を当てて、旧約聖書学（大島力）、新約聖書学（髙砂民宣）、組織神学（須田拓、森島豊）という視点から聖書学者と組織神学者との対話の中で研究が進められていった。この背後には、キリストの十字架による救いの確かさが、キリスト教会に伝道力の回復をもたらし、その現実的意義を知ることによって信仰がもたらす社会的良き影響に確信を持ってもらいたいとの願いが込められている。

おそらく現代社会の人々にとってキリスト教が社会的影響を持っていることは認められるだろう。西洋の世界をキリスト教抜きに語ることはできず、政治、経済、文化・芸術等あらゆるところにキリスト教の影響があることは否定できない。しかし、理性的・合理的思考を積極的に受け止めている現代では、文化としての教会を認めつつも、信仰内容とその影響については消極的な態度を示すことが多い。教理的問題は論争と戦争の火種になり、教会の外部から見れば「神学問題」は無意味な非生産的争いを生み出したと認識されるからである。彼らの心に届いたのは、聖書を歴史資料として読む文献研究である。合理性を重んじる人々にとって、資料研究に則した分析は理性を満足させた。けれども、これらの研究は教会の信仰の中心である贖罪信仰を攻撃し、伝道力を衰退させ、キリスト教会を社会と学問世界から孤立させていく傾向を生み出した。特に「史的イエス」研究はキリストの歴史的事実を疑い、贖罪信仰を後の弟子たちが作成したものとする仮説を生み出した。福音派と呼ばれる教会の人々の中には、学問的な領域で作業する神学者を警戒し、神学者すなわち不信仰者と判断する傾向も生み出した。理屈ではなく、聖書の言葉を通して救済体験をした信仰者たちは、学者たちと距離を持つ傾向を生み出したのである。神学と教会の精神的な分離は、社会に対する弁証と伝道の機会を極端に減退させている。本書の一つの目的は、この不幸な分裂に架け橋として神学的に貢献をしたいという願いからきている。そこで注目すべき主題は、聖書的教会的贖罪信仰の回復とその社会的影響の再認識である。

2　神学的視点の必要性

キリスト教の文化的影響を表面的なメカニズムだけで捉えることには限界がある。歴史の中には合理的思考を超えた行動をとる人間や社会勢力が存在するからである。たとえば、政治的な弾圧に対する抵抗や社会的地位を犠牲にした行動は、要因を説明することができても原動力を理解することは難しい。個人的な行動であれば個人の思想や信念等、その人物に限定した特殊な現象として説明がつくが、社会的勢力として現れた場合、特にそれがキリスト教と関係しているのであれば、宗教的要素抜きに理解することはできないであろう。これには神学的な視点が求められる。

キリスト教の社会影響を宗教的要素から考察するとき、イエス・キリストの十字架による罪の贖いという中心的信仰を外すことはできない。けれども、これまでの研究でこの視点に注目した研究は活発に行われてこなかった。キリスト教が民主主義、資本主義、人権等、近代化の構成要素の形成過程に関わったことを積極的に評価する研究はあったが、贖罪信仰と結びつけた考察はほとんど見当たらない。逆に、学者たちの間ではキリスト教的要素がなくても成立し得たという反論を多く生み出した。たとえば、大著『生命観の探究』を著したことで知られる鈴木貞美は、自由と平等に注目し、西欧思想にキリスト教の影響を認めながらも、「西洋の民主主義を真似しなければ、遅れてしまうという考えより、熟し柿が、ちょっとつついただけで、木から落ちるようなところまで、平等思想がひろくゆきわたっていたからではないか、と私は考えている(1)」と述べて、平等を含めた近代的価値観に普遍性を与えて、西欧的キリスト教の要素を否定する。それに対して西洋と東洋の隔たりをなくす理解に警鐘を鳴らす宮村治雄は「西欧産の『自由主義』についての何らかの基準をたてて、それに従ってその対応物を他者の中に発見するという方法に甘んじる限り、他者としての非西欧圏の文化の内在的理解、構造的理解には入れないであろう(2)」と指摘している。残念ながら宮村はその隔たりを生み出す急所を明確に指摘していない。しかし、彼の資料に則した考察によれば、キリシタンの文献によって「日本社会は、初めての『西洋との出会い』を経験した(3)」のであり、その特徴を「キリシタン神学のテーマは、いうまでもなくキリストの贖罪という教理と結びついて成立していた」[4]という言葉で表現している。つまり、贖罪信仰が重要な影響力を発揮していたのである。

歴史の中でキリスト教の影響による出来事が起こるとき、その背後でイエス・キリストの十字架による罪の贖いという恵みの信仰が働いている。もちろん、歴史的出来事は政治的要因や経済的な動機と複雑に絡まっており、信仰的要因と切り離された民衆や政治家が前面で活躍しているときは、背後のその動きを捉えることが難しい。また、信仰的要素を「聖化」や「キリスト教倫理」という教理や用語で捉えると、キリストによる贖罪との関係が見え難くなる。けれども、そこにキリスト教の影響があるのならば、十字架による贖罪と切り離して理解することの方が困難なのである。世俗の学者たちにそれを求めることは難しいが、キリスト教会の神学はこの問題に注目すべきであろう。

3　歴史の中の贖罪論への関心

歴史の中で贖罪信仰の社会的な影響を積極的に主張する運動や神学がなかったわけではない。たとえば、一九世紀の英国で生まれたキリスト教社会主義運動や米国の社会福音がある。けれども、教会の信仰を重んじる神学者の多くはこの運動や神学を否定した。その理由の一つは、社会へと向かっていくこの運動に教会を崩壊させる原理が働いていたことを見抜いたからであり、それを支える十字架の神学にも欠点が見出されたからである[5]。さらに、学問的な考察を求めた神学者の多くは、贖罪信仰と結びついていたウェスレーやエドワーズたちの熱狂的な信仰復興運動を軽んじる傾向が見受けられた。二〇世紀後半に入ると、英国・米国で盛り上がった贖罪論に関する神学的関心は衰え、ドイツやスイスから起こった「啓示の神学」がそれに代わっていった[6]。啓示に関する神学的な考察は神学界に大きな影響力を残したが、歴史的文献批評の興隆も働いてか、教会は教勢を減らし社会的な影響力を失っていった。

キリスト教社会主義運動や社会福音のように、贖罪論に関心を示した人々は、社会的改良運動へ積極的に働きかけたが、その十字架の神学の欠点から教会が彼らと距離をとるようになった。教会の神学者は彼らの神学の修正よりも、運動そのものを攻撃し、神学的には社会と切り離された仕方でキリスト論に集中した可能性がある。結果として、神学的にも、精神的にも、そして現実的にも、教会は社会と切り離されており、内的には伝道力と信仰の確信を、外的には信仰の影響力を失っているのかもしれない。

4　聖書の中の贖罪信仰

ナザレのイエスによる十字架の出来事を人間の罪を贖う神の行為として受け止める信仰は、キリスト教信仰の中核でありながら、もっとも理解に窮する信仰内容であろう。この出来事を神の恵みとして受け止めた福音主義者は社会へと働きかけ、これに躓いた理神論者は懐疑的になりキリスト教会を攻撃した。その意味で分岐点となるこの信仰内容に恐れることなく向き合う時、興味深い神学的関心をいくつも発見するだろう。

たとえば、キリスト教会はイエス・キリストの十字架の出来事をイザヤ書の「苦難の僕」の預言の成就と当然のこととして受け止めているが、キリスト以前の時代にイザヤ書第五三章がどのように読まれていたのか、という問いである。大島力の論文はこの点に注目しているが、旧約聖書学では苦難の僕に個人説、集団説、メシア説等、様々な解釈があることを教えてくれている。大島論文の興味深い点の一つは、苦難の僕の贖罪理解がダニエル書の黙示文学にも影響を与え、民族的な枠組みを超えた「新しい共同体」という黙示的ヴィジョンを提示し、新約聖書の時代の道備えになっていることである。

本書の論文には反映されていないが、共同研究の中で改めて認識した関心事を紹介したい。創世記第二二章のイサク奉献の出来事を、ヨハネによる福音書第一章二九節「見よ、世の罪を取り除く神の小羊」と結びつけてキリストの予型とする聖書解釈があるが（フォン・ラート）、聖書学の中ではこれを否定する見方がある。その根拠は、イサク奉献の物語に「罪を取り除く」贖罪はなく、救済が物語られているからである。この点に注目して再度モーセ五書について考察するとき、「贖い」には「パーダー（ＰＤＨ）」と「キッペール（ＫＰＲ）」という二つの用語があり、それぞれ意味が違うことに気づく。ＫＰＲには動物に罪を負わせる生贄の儀式として罪の贖いの意味を持つが（レビ記一六章、申命記二一章）、ＰＤＨには神がイスラエルの民を囚われから救い出すことに用いられており（申命記七・八、九・二六、一三・六、一五・一五、二一・八、二四・一八）、ＰＤＨは贖罪として用いられていないことである。つまり、救済に罪の贖いが物語られていないのである。旧約聖書における救済と贖罪という主題は、本書の研究プロジェクトの範囲を超える大きなものであるが、モーセ五書の時代からバビロン捕囚の時代にかけて、イスラエルの民が自らの歴史的信仰を省察する中で救済と贖罪を重ねて理解し、用いていった可能性が考えられる。

いずれにしても、ナザレのイエスの十字架を神の恵みによる罪の贖いとする信仰の根拠は、第一にイエスの自己認識にあり（マルコ一〇・四五、八・三一）、甦えられた十字架のキリストの言葉と行為にある（マルコ一・一一、ルカ二二・三七）、キリスト教会は甦られたキリストとの出会いによって預言の成就を知り（ルカ二四・二六）、地上でのキリストの出来事を新しく認識し（マタイ八・一七）、伝道したのである（使徒八・三二―三五）。しかも、その福音は民族的な枠組みを超えて社会的な広がりを持って伝えられていくのである。高砂民宣の論文は新約聖書の贖罪理解としてヨハネ福音書に焦点を当て考察してくれている。

5　人権理念の形成と法制化への影響

本書では、贖罪信仰の社会的影響を、人権の法制化に焦点を当てて考察した。特に、プロテスタント教会の歩みをかえりみるとき、人権理念の形成と法制化に大きな貢献があるからである。そのため、ルターやピューリタンたちがキリストの十字架による贖罪をどのように理解し、またいかなる課題と取り組んでいたのかを調査した。この点に関してマールブルク大学のルター研究者ハンス・マルティン・バルトの講演を掲載している。またピューリタン研究者の須田拓がこの分野で貴重な研究を報告している。

本書を読んで気づかれることの一つは、贖罪信仰の社会的影響が潜在的あるいは間接的であることである。特に人権の法制化の過程においては、宗教的動機ではなく政治的・経済的な動機が支配的になることが多い。それでも、その出来事の背後にある社会的勢力に目を向けるとき、信仰復興運動の影響を通して為政者を動かしていたことに気づくのである。さらに、この影響はアジアにも及んでいることを指摘している。一つは、キリスト教人権思想が潜在的な仕方で日本国憲法の制定過程にも影響を与えていることである。同様にタイにおける信教の自由の確立にも影響している。けれども、それらは潜在的・間接的な影響であり、アジア特有とも言える課題があることも指摘している。そこに日本の教会の使命があることも本書では認識したいのである。

注

(1) 鈴木貞美「明治期日本の啓蒙思想における「自由・平等」——福沢諭吉、西周、加藤弘之をめぐって」『日本研究』四〇号(国際日本文化研究センター、二〇〇九年)三八三頁。
(2) 宮村治雄『日本政治思想史——「自由」の観念を軸にして』(放送大学教育振興会、二〇〇五年)七頁。
(3) 宮村治雄『日本政治思想史』七四頁。
(4) 宮村治雄『日本政治思想史』八九頁。
(5) 拙論「歴史の中の社会運動——社会的福音の影響をめぐって」『キリスト教と文化』二八号(青山学院大学、二〇一三年)四五‐七〇頁参照。
(6) 近藤勝彦の見方によれば、二〇世紀後半の神学的関心は、贖罪論ではなく、苦難の問題や神義論に向けられた。近藤勝彦『贖罪論とその周辺——組織神学の根本問題2』(教文館、二〇一四年)三、三八頁参照。

第一章　苦難のメシアと共同体

――イザヤ書における贖罪論の背景と展開

大島　力

1　イザヤ書の形成とその影響史

イザヤ書は「預言書」（ネビイーム・アハローニーム）の劈頭に置かれ、量的にも預言書の中で最大である。また、詩編に次いで新約聖書に引用されることが多い文書である。このことは、ユダヤ教においても、また、キリスト教においてもイザヤ書が極めて重要な位置をもっていることを端的に示している。

また、イザヤ書は「文献のカテドラル（大聖堂）」（U. Berges）と言われる。[1] それは、ガウディの「聖家族教会」（サグラダ・ファミリア教会）を思い浮かべるとイメージが湧きやすい。ガウディは、一八八四年にその建築を始めたが、一三〇年以上の時を経てなお建設中である。イザヤ書は、その書き始めから約四五〇年を経て、ようやく文献的にほぼ固定化したと考えられている。最初期のテキストは、紀元前八世紀のエルサレムの預言者イザヤに遡ることは確かである。それは、「ユダの王、ウジア、ヨタム、アハズ、ヒゼキヤの時代」である。しかし、その後、イザヤ書は長い歴史を通して形成されていった。そして、最も新しいテキスト、つまり、イザヤ書の最終段階のテキスト成立は、紀元前五世紀から四世紀にかけてのペルシア時代であったと考えられている（イザヤ書二四－二七章の「イザヤの黙示録」、あるいは六六章等）。このように、イザヤ書は多くの人々によって書き継がれ、違った時代において「権威ある書物」として受け止められ、その時代において解釈され、適応されていった。

もちろん、その中には歴史的核と言いうる預言者の存在がある。まず最初に紀元前八世紀の「エルサレムのイザヤ」である。彼の召命記事は六章に記されている。次に、紀元前六世紀のバビロン捕囚末期の「第二イザヤ」と呼ばれる預言者である。その召命記事は四〇章六－七節に認められる。そして、その「第二イザヤ」を核とした文書が四〇－五五章の「第二イザヤ書」である。さらに、捕囚からエルサレムへの帰還後まもなくして活動したのが「第三イザヤ」と呼ばれる預言者である。その言葉は六〇－六二章にまとめられているが、六一章一－四節の背後にはその召命体験があると思われる（ナザレのイエス自身が自分のこととして引用した。ルカ四章）。それを歴史的核として形成されたのが五六－六六章の「第三イザヤ書」である。しかし、それらがすべて「第三イザヤ」という預言者に由来するわけではなく、むしろ、実際には、バビロン捕囚からの帰還後のエルサレムの状況（六世紀末から五世紀前半、またそれ以降）に由来する様々な文章の集合体である。

このように、それぞれの時代に由来するテキストは固有な歴史的意味を持っている。しかし、それらのテキストは、現在のイザヤ書の全体構造の中で位置づけられ、また違った機能を持たされているのである。それは、例えば、大聖堂の一本の柱が、それが最初に建てられた当初と同じ形状であっても、全体の建築が進むなかで、その位置づけが異なり、また違った意味を完成時には持つようになるのと同様である。イザヤ書は、それと同様に、歴史的に分析すれば、限りなく細分化されていくテキストの集合体であるが、しかし、その各部分は、互いに関係し合い、影響し合って、全体としてカテドラル（大聖堂）としての統一体を成しているということができる。従って、我々はイザヤ書を読む時に、その個々のテキストをきちんと把握すると同時に、建物全体（＝イザヤ書全体）を見て行く必要がある。そうしないと、「木を見て、森を見ず」ということになる。

他方、イザヤ書は「第五の福音書」と呼ばれることがある（J. F. A. Sawyer）[2]。それは、イザヤ書が、初代のキリスト教会の形成にとって、新約聖書の四つの福音書が果たした役割と同様に大きな、そして決定的な役割を果たしたからである。事実、初代教会においてイザヤは「預言者というよりも福音書記者として知られており」、イザヤ書は「第五福音書」として扱われていたと言う。このイザヤ書に対しての見解は過大評価だとしても、初代教会が自らの自己形成をしていく過程で、イザヤ書が大きな役割を果たしたことは疑い得ない。例えば、イザヤ書九章五節の「ひとりのみどりごがわたしたちのために生まれた。ひとりの男の子がわたしたちに与えられた」という言葉は、初期のキリスト教会によって「イエス・キリスト」のことを預言した「メシア預言」と受け止められていた。また、本章で詳しく論ずるイザヤ書五三章の「苦難の僕の詩」は、イエス・キリストの受難を預言したものであるとされている。また前述したイザヤ書六一章の冒頭の言葉は、ナザレのイエス自身が故郷の会堂で朗読し、「この言葉は、今日、あなたがたが耳にしたとき、実現した」と言われた箇所である。もちろん、このことはルカ福音書の文脈の中に置かれているが、歴史的蓋然性はかなり高いと思われる。

なぜならば、イエスとほぼ同時代のクムラン写本のなかでも、イザヤ書六一章一節は重要性を持っており、クムラン共同体の指導者も、この言葉を自らの「メシア像」の形成に用いているからである。(3)従ってイザヤ書に関して言えば、クムラン共同体と初期キリスト教会は、類似した点が多い。もちろん本質的には異なる共同体であるが、平行現象と言えるものがある。

このように、イザヤ書は初代のキリスト教会が形成されて行く過程で極めて重要な「第五福音書」とも言うべき役割を果たしていったのである。そして、その影響力は後のキリスト教会の歴史にも及んでいる。そこで、そのイザヤ書においてこれまで「メシア預言」と見なされてきたテキスト、なかでも最も深い思想に達していると考えられる「苦難の僕の詩」がどのような位置を有し、また展開していったかを探っていきたい。

2　イザヤ書における「メシア預言」の系譜

第一イザヤ書（一－三九章）には所謂「メシア預言」と呼ばれてきている箇所が三つある。また、その系譜を引くと思われる四つの「僕の詩」が四〇章以下に記されている。(4)前者はユダ王国の王に関係し、後者はユダ王国が崩壊した後のバビロン捕囚をその歴史的背景としている。まず、その「メシア預言」の系譜を辿り、それを担ったと考えられる共同体との関係を考えてみたい。

1　エルサレムのイザヤと「メシア的王」の待望

旧約預言者の思想的特質に関して議論は多いが、その一つは「未来確信と現実批判」である。それは「預言者はいわば、今日から明日を見るのはなく、明日から今日を見ている」（W. H. Schmidt）と表現される。(5) その思想構造が、イザヤの三つの「メシア預言」に見ることができると思われる。

まず第一に、七章一四節「見よ、おとめが身ごもって、男の子を産み、その名をインマヌエルと呼ぶ」である。当時のアハズ王はイザヤの忠告にも関わらず、北イスラエルやシリアの「反アッシリア同盟」に対抗して、アッシリアと軍事同盟を結んだ。その外交姿勢を念頭に置き、この預言はアハズに対して批判的に告げられている。すなわち、軍事同盟政策を進めるアハズ王を念頭に置き、ヤハウェを信じ「落ち着いて、静かにして」その軍事同盟に頼ろうとしない者たち（共同体）にとって「インマヌエル（神は我らと共にいる）」という約束が与えられているのである。これは近い未来への確信であるが、同時にアハズ王を批判する機能を果たしていると言えるであろう。それでは、その「我ら」とはどのような者たち、また共同体なのであろうか。

第二に八章二三節－九章六節である。この二三節bに記されている「先にゼブルンの地、ナフタリの地は辱めをうけたが、後には、海沿いの道、ヨルダン川のかなた、異邦人のガリラヤは、栄光を受ける」という文言の最後の三つの地域は、シリア・エフライム戦争（七三二年）後にアッシリアによって征服され属州となった。従って当該箇所の時代はその前後である。(6) するとアハズ王はまだ在位中であるが、九章五節以下には「新しい王の即位」が告げられている。従って、それは少なくともこのテキストの初期段階において、現実の王への批判的機能をもっていたと考えられる。この「ひとりのみどりご」が誰を指すかに関しては多くの議論があり、不明である。だからこそ、この箇所全体が後に、「来るべきメシアの預言」と理解されるようになったとも言えるであろう。そこで「ひとりのみどりごがわたしたちにのために生まれた」の「わたしたち」とは誰かということが再度問われる。

第三に、一〇章三三節－一一章五節である。通常、この単元は一一章一節から始まるとされるが、内容的には一〇章三三節から始まっており、文体的根拠もある。[7] その場合一一章一節「エッサイの株」は、正確には「切り株」である。またダビデの一代前の「エッサイ」の名が記されていることにも注目すべきである。すなわち、ここには「ある断絶」が認められる。言い換えれば、直接ダビデ王朝から「メシア的王」が出てくるのではない。また、一〇章二八節以下は、アッシリア軍がまさに「娘シオン」（エルサレム）に迫ってきている紀元前七一〇年代が想定される。このときのユダ王国の王はヒゼキヤである。従って、九章の場合と同様に、ここには近い将来立ち現れる「メシア的王」への待望と同時に、現実の王への批判が含まれていると言えよう。[8]

それでは、これらの未来確信は如何に後代に伝えられていったのであろうか。このことを推定する上で、八章一六－一八節は重要なことを報告している。イザヤは自らの言葉を「弟子たち」（リムディーム）に封じたと記されているが、この「弟子たち」が上記のメシア預言の「わたしたち」であると考えることができるのではないか。事実、最近の注解書は八章一九－二二節を一つの単元とし、これを挟む八章一六－一八節と八章二三節－九章六節を関連づける構成を考えている。[9] また、リムディームという語はイザヤ書のみに用いられ、他に三回使用されている。五〇章四節は、後述する第三の「主の僕の詩」の冒頭におかれているが、「主の僕」自身が自らを「弟子たち」の一人と理解している（五〇・四に二回用いられている）。他方五四章一三節では、捕囚の民の中で「ヤハウェの教えを受ける者たち」の意味で用いられている。これはイザヤ書全体を視野に置くならば、極めて興味深い事実である。

２　「第二イザヤ」におけるキュロス論とメシア待望

第二イザヤ書は大きく二つの部分から構成されている。四〇－四八章は前半部で、紀元前五三八年のペルシア王キュロスによる解放以前の状況がその背景となっている。また、四九－五五章は紀元前五三八年以降の後半部であり、エルサレムへの帰還が、長い捕囚生活に埋没してバビロンから離れようとしない人々の反対にあって、疎外されている状況の中で語られた預言が収められている。

前半部の最大の特徴は、キュロスに関わる一連のテキストである（特に四四・二四－四五・一三）。なぜなら、キュロスは四五章一節で「主に油を注がれた人」と呼ばれているからである。この「油注がれた人」はマシーアハという語であり、後に新約聖書においては「メシアース」と音訳されている。このことをいかに理解するかは大きな課題である。

四つの「主の僕の詩」は、第二イザヤの預言者として歩みをかなりの程度反映した内容となっているが、第一詩（四二・一－四）は確実にキュロス王に関する記述と並行する形で前半に位置づけられている。このことは、「主の僕の詩」が捕囚末期の「メシア待望」を巡る政治的な文脈におかれていることを意味している。

他方、第二詩四九章一－六節、第三詩五〇章四－九節、第四詩五二章一三節－五三章一二節は、キュロスに関する叙述が全くない捕囚からの解放直後に由来する。これらは捕囚後の共同体の混乱と困難に直面する中で宗教的な深さを増しているように思われる。しかし、いずれにせよ四つの「主の僕の詩」の中にも展開が見られることは「メシア待望」という観点からすると注目すべき事実である。以下、第一詩から順次見ていく。

まず、第一詩四二章一－四節である。ここで三回繰り返される「裁き」（ミシュパート）は神の「救いの計画」（左近淑）のことである。そして「見よ、わたしの僕、わたしが支える者を」の同定に関しては、集団説（イスラエル）、個人説、メシア説がある。

個人説の中には「キュロス」が挙げられるが、それは「傷ついた葦を折ることなく／暗くなってゆく灯心を消すことなく」という主の僕の繊細な姿に適合しない（四一・二、二五を参照）。有力なのは「第二イザヤ説」、あるいはメシア説であろう。

では、同じ前半部に出てくるキュロスとの関係はどう理解したらよいのか。確かにキュロスは「主に油を注がれた人」（マシーアハ）と呼ばれている。しかし、これはキュロスが所謂「メシア」ということではないであろう。U. Berges は適切に次のように指摘している。「キュロスはバビロン捕囚からの政治的解放という事実をもたらしたのに対し、『主の僕』は、神と民との仲介者、諸国民の光として、その解放の事実を神との関係で解釈した」[10]。

次に第二イザヤ書の後半部冒頭に位置づけられている第二詩四九章一－六節である。バビロン捕囚からの解放は始まったが、必ずしも捕囚民全体が第二イザヤの呼びかけに従ったわけではない。「わたしは思った。わたしはいたずらに骨折り、うつろに（トーフー）、空しく（ヘベル）、力を使い果たした」（四九・四）。このことは、前述した半世紀間の捕囚生活への埋没がいかに困難な問題であったかを示している。

そして第三詩五〇章四－九節である。ここではその苦悩が深まり、主の僕は迫害さえ受けている。また、その使命を果たす困難さを「弟子たち」（リムディーム）も知っている（この語が二回使われている）。「主の僕」には、その言葉に従い苦難を共にする「弟子たちの共同体」が、この時まではかろうじて存在していたと言えるであろう。「わたしの正しさを認める方は近くいます。誰がわたしと共に争ってくれるのか、われわれは共に立とう」（八節）の「われわれ」は、その「主の僕」を中心とする共同体を意味していると思われる。

しかし、第四詩五二章一三節－五三章一二節に至って、「主の僕」の苦難は究極に達し、その痛みと病、受けた傷と死が語られるが、それは当初、弟子たちによっても理解されなかった。「彼が担ったのはわたしたちの病／彼が負ったのはわたしたちの痛みであったのに／わたしたちは思っていた。神の手にかかり、打たれたから／彼は苦しんでいるのだ、と」（五三・四）。その弟子たちの無理解の中に、「主の僕」は苦難を受け死んでいったのである。その時点で、「弟子たちの共同体」は一度、崩壊したと言えるであろう。しかし、その「苦難の僕」の死は、不思議にも「弟子たちの共同体」に決定的な認識転換と救いをもたらしたのである。「彼が刺し貫かれたのは／わたしたちの背きのためであり／彼が打ち砕かれたのは／わたしたちの咎のためであった。彼の受けた懲らしめによって／わたしたちに平和が与えられ／彼の受けた傷によって、わたしたちはいやされた」（五三・五）。これはなぜであったのか。

3　イザヤ書五三章の「苦難の僕の詩」と贖罪思想

1 「第二イザヤ」（四〇－五五章）における「苦難の僕の詩」

前述のように第二イザヤ書には、「主の僕の詩」と呼ばれる一連の四つのテキストがある。第一詩・四二章一－四節、第二詩四九章一－六節、第三詩・五〇章四－九節、第四詩五二章一三－五三章一二節である。B. Duhm は、これらは元来独立していた詩の集合であることをその注解書で述べている(11)。しかし、近年その B. Duhm 説を踏まえながらも、むしろそれぞれのテキストが置かれている文脈が注目されてきている。

他方、第四詩は、とりわけ新約聖書において「イエスの苦難と十字架上での死」を理解するために決定的な役割を担ったとされ、これまで特に精力的に研究されてきた。その新約聖書における直接的な影響を、「苦難の僕の詩」の引用に見るならば、以下の四箇所になる。マタイ八章一七節、一ペトロ二章二四節、ルカ二二章三七節、使徒八章三二－三五節。その他、イエスの受難物語全体にその影響が見られるが、意外とその明示的な証拠は少ない。

旧約学研究においては、その新約聖書への影響を意識しながら、「苦難の僕」とは誰かに関して、多くの説が唱えられてきた。それらは大きく三つに分けられる。個人説、集団説、メシア説である。

個人説としてはアブラハム、イサク、モーセ、ダビデ、ヨブ、イザヤ、ウジヤ、ヒゼキヤ、ヨシヤ、ヨヤキム、エゼキエル、キュロス、シェシュバツァル、ゼルバベル等が挙げられる。このうち、今日議論の対象となり得る説は限られるが、第二イザヤ自身の経験がその背景にあることは確かであろう。集団説としては、諸国民の中で苦しんだイスラエル全体、さらに限定すれば、捕囚から帰還した民の一部（Gola）が考えられている。主にユダヤ教の立場から、この説が支持されることが多い。また、「第二イザヤ」の他の部分において、イスラエル／ヤコブが「ヤハウェの僕」と呼ばれている（四一・八、九、四四・一、二、四四・二一、四五・四、四八・二〇、四九・三？）。

メシア説は、このテキストを未来のメシアの姿を描いているとする。それは枠組みの段落（五二・一三－一五と五三・一〇aβ－一二）に未完了動詞が使用されているからである。

以上のように、「苦難の主の僕」の同定に関して多種多様な議論がなされてきている。そのことに本論文は真正面からは立ち入らないが、結果としてある方向性を出すことになろう。本章の目的は、「苦難の僕の詩」に「贖罪思想」が見いだされるかどうか、見いだされるとするならば、それはいかなる内容のものであるかを明らかにすることである。

2　「第二イザヤ」における贖罪思想

さて本章の目的は、「苦難の僕の詩」と贖罪思想の関係を明らかにすることであるが、「贖罪」を示す動詞には「贖う」（ガーアル）と「贖い出す」（パーダー）がある。第二イザヤにおける「贖う」（ガーアル）の用例は一七回で、イザヤ書四〇－五五章に集中していると言える。これは他の預言者の部分に比して明らかである。分詞型（一〇回）は、四一章一四節「あなたを贖う方」の他に五一章一〇節（受動態分詞）が加わる。また、定動詞は六回見られる。四三章一節（「恐れるな、わたしはあなたを贖う」）、四四章二二節、四四章二三節、四八章二〇節、五二章三節、それに「受動態」（五二・九）が加わっている。

もう一つの「贖い出す」（パーダー）の用例は二例である。そもそもパーダーは出エジプト伝承に多く用いられ、申命記に集中している。「第二イザヤ」では出エジプト伝承が踏まえられ、具体的には「わたしの手が短すぎて贖い出せず……」（五〇・二、私訳）、「ヤハウェに贖い出された人々」（五一・一一、私訳）という仕方で用いられている。

しかし、この二つの動詞は、「苦難の僕の詩」には、見出されない。このことは注目すべきことである。すなわち、「贖罪」を表す用語を「苦難の僕の詩」の中に直接は見いだせないのである。そこで考えるべきことは、「贖罪」を典型的表す用語は用いられていないが、内容としてそれを語り出しているかどうかである。そのことを究明するためには、「苦難の僕の詩」の構造分析が不可欠となる。

3　「苦難の僕の詩」の翻訳と構造分析

まず、イザヤ書五二章一三節－五三章一二節をヘブライ語原典から翻訳をする。その際に、マソラ本文を最大限に重要視するが、本文批評学上問題がある場合には、古代語訳を根拠として読み替えを行い、最小限の訳注を付す。また、後述する文学的構造分析を先取りして、五段落に分けて訳文を記す(12)。

五二章　〈A〉

13 見よ、わたしの僕は栄え
高められ上げられ
はるかにそびえ立つ。
14 かつて多くの人々が*あなたのことでおののいたように
彼の姿は損なわれ、人間とは見えず
その風貌は、人の子らから掛け離れている。
15 そのように、彼は多くの諸国民を*驚かし
彼のことで、王たちは口を閉ざす。
彼らは、かつて語られなかったことを見
かつて聞かされなかったことを悟るからだ。

五三章　〈B1〉

1 誰が、わたしたちの聞いたことを信じたであろうか。
ヤハウェの腕は誰に示されたであろうか。
2 彼は育った。
み前に若枝のように
乾いた地から生える根のように。

彼には、わたしたちが見るべき風貌や輝きはなく
わたしたちが望む容姿もない。
3 彼は軽蔑され、人々に見捨てられ
痛みの人、病を知っていた。
顔を背けられるほどに軽蔑され
わたしたちも彼を顧みなかった。

〈B2〉

4 じつは彼が担ったのはわたしたちの病
彼が負ったのはわたしたちの痛みであった。
しかし、わたしたちは思っていた
彼は神に打たれ、叩かれ、卑しめられているのだ、と。
5 彼が刺し貫かれたのは
わたしたちの背きのため
彼が打ち砕かれたのは
わたしたちの咎のためであった。
彼に下された懲らしめによって
わたしたちに平安が与えられ

彼の傷によってわたしたちは癒された。
6 わたしたちは皆、羊のように迷い
それぞれ自分の道に向かった。
しかし、ヤハウェは
わたしたち皆の咎を彼*に背負わされた。

〈B３〉
7 彼は虐げられ、屈み込んだが
その口を開かなかった。
屠り場へ引かれる子羊のように
毛を切る者たちの前で物を言わぬ雌羊のように
その口を開かなかった。
8 過酷な裁きによって、彼は取り去られた。
彼の世代のことを誰が思い巡らしたであろうか。
彼は生ける者の地から断たれた。
わたしの民の背きのために
彼は死*へと撃たれたのだ。
9 彼はその墓を悪人たちと共にし

富める者と共に葬られた。
彼は不法を働かず
その口には偽りもなかったのに。
10 ヤハウェは、*病によって彼を打ち砕くことを望まれた。

〈C〉
もし**あなたが彼の命を償いの捧げ物とするならば
彼は、子孫が日々永らえるのを見るであろう。
ヤハウェの望みは、彼の手によって成し遂げられるであろう。
11 彼は自らの苦しみのすえに*光を見
それを知ることで満足するであろう。
わたしの義なる僕は、多くの人々を義とし
彼は、彼らの咎を負うであろう。
12 それゆえ、わたしは多くの人々を彼に分け与え
彼は強い者たちを戦利品として分かち取るであろう。
彼が自らの命を死に至るまで注ぎだし
背く者たちの一人に数えられたからだ。
多くの人々の罪を担い

背いた者たちのために執り成し*をしたのは
この人である。

以下の略号「タ」＝タルグム、「ギ」＝七〇訳、「ヘ」＝マソラ、「ク」＝クムラン、「ウ」＝ウルガタ
五二・一四＊　「タ」等は「彼」
五二・一五＊　「ギ」による。「ヘ」は「注ぐ」
五三・六＊　別訳「彼に執り成しをさせた」（パーガア）
五三・八＊　「ギ」による。「ヘ」は「打撃が彼に向けられた」
五三・一〇＊　別訳「病み果てさせた」
五三・一〇＊＊　「ウ」は「彼」
五三・一一＊　「ク」（1QIsa の a と b、4QIsa の d）、「ギ」による。「ヘ」に「光」の語はない。
五三・一二＊　「パーガア　レ」

ＡとＣは、神（ヤハウェ）を主語とする語り、あるいは詩全体の著者の語りとして、この詩を囲い込んでいることは明白である。ＡとＣにのみ「わたしの僕」という語が出てくる。また、ＡとＣにのみ「多くの人々」という語が記されている。さらに、注目すべきことは、Ａにはさらに「多くの諸国民」「王たち」という語が登場してきていることである。

他方、Ｃには「わたし（ヤハウェ）」と「多くの人々」という対峙が二回見られる。但し、「ヤハウェ」という三人称表現が見られることから（一〇b）、「わたし」の語りだけではなく、この詩全体の

著者の語りも含まれている。このことはAについても言える。B1の「わたしたち」の「彼」(ヤハウェの僕)に関する認識は、B2において決定的に転換している。そして、最後には、「しかし、ヤハウェは、わたしたち皆の咎を彼に負わされた」と記されている(六b)。この「背負わされた」(パーガア)は「執り成しをさせる」とも訳すことができる。その同じ動詞は、五三章一二節の最後においても使われている(「背いた者たちのために取り成しをしたのはこの人である」)。この対応は重要な意味をもつ。

他方、B3には「わたしたち」という語り手は登場せず、五三・一—一〇aα(B1、B2、B3)を一括して扱うことはできない[13]。むしろ、B1とB3がそれぞれ「僕の生い立ちと苦難」「僕の受難と死と葬り」を語り、それに挟まれる形でB2が「他者の罪を負う僕」の姿を、この詩の中核部分として描き出していると捉えられる。従って、AとCがこの詩を囲む文章構造をなしているだけでなく、その中のB1とB3もB2を囲み、その結果、B2を中心とした集中構造を、この詩全体が有していると言えよう。

従って、その中核部分(B2)と、前述のように深く関係している最終段落Cの部分の理解が重要となる(六bと一二b=「咎」「背く者たち」を取り成すという「僕」像)。

特にCの冒頭の「もし、あなたが彼の命を償いの捧げ物とするならば」の「償いの捧げ物(アーシャーム)」の理解は重要である。

4　「贖いの捧げ物」と「僕」

アーシャームは、レビ記に最も多く用いられている言葉である。新共同訳聖書では「賠償の献げ物」と訳されている。この言葉は、罪そのものを意味する（創世記二六・一〇、詩編六八・二二、エレミヤ五一・五）と同時に、賠償の意味をもつ（民数五・七、八、サムエル上六・四、八、一七）。そして、レビ記においては、過ってあるいは知らずに犯した罪を贖うために捧げる動物犠牲、ないし損害に対する賠償および罰金とともに捧げる動物犠牲、を意味している（レビ五・六以下、七・一以下、一四・一二以下、一九・二一以下）。イザヤ書では、この五三章一〇aβ節だけに使われているために、これまで二〇年程議論が続いてきた。すなわち、これを祭儀用語とするか、あるいは、とりわけ創世記二六章一〇節およびサムエル記上五－六章に基づきつつ、法習慣を背景にもつ用語とするかという問題である[14]。しかし、ごく最近U. Bergesはその注解書（二〇一五年）で、そのいずれかではなく「祭儀的メタファー」がここで用いられていると指摘している[15]。私訳はそれに基づいている。

重要なことは、「あなた」が、「苦難の僕」の苦難と死を、自らの罪を取り成す（五三・六b、五三・一二b）「償いの捧げ物」とするということである。従ってこの「苦難の僕の詩」には、「贖う」という語は出てこないが、「ヤハウェの義なる僕」（五三・一一b）による「代理贖罪」ということが語り出されていると言えるであろう。但し、これは旧約聖書では前代未聞のことである。第一に、犠牲が動物ではなく人間であること、第二に犠牲はすでに捧げられていてその受け取り直しが、ここで行われていること、第三に執り成しの前例としては、アブラハム（創世記一八章）モーセ（出エジプト記三二章）エレミヤ（一一・四、七・一六）エゼキエル（四・五）の例はあるが、現実に「命を死に至らせるまで注ぎ出す」という事例はない[16]。しかもそれは「ヤハウェの腕」による、「ヤハウェが望まれたこと」であった。すべてはこの点に掛かっている（五三・一、一〇a）。

5　「苦難の僕の詩」の贖罪思想の射程

この「苦難の僕の詩」には、二重、あるいは三重の広がりが認められる。「僕」を中心として、その周りの「わたしたち」。これは「僕」の弟子たちであろう（彼らは五四章一七節の「ヤハウェの僕たち」に繋がる）。そして、この詩の枠組みにのみ記されている「多くの人々」（五二・一四、五三・一一、一二a、一二b）がいる。これはイスラエルの民全体（あるいはその一部）を指し、さらには「多くの諸国民」（五二・一五）を示唆していることも否定できない。

さらに、「あなた」と二回呼びかけられているのは誰であろうか。五二章一四節の「あなた」とは「イスラエル」であろうが、五三章一〇節の「あなたが」は多くの釈義家が「ウルガタ」によって「彼が」と読み替えるので不明な点が多い。つまり、マソラ本文は「もし、あなたが彼の命を償いの捧げ物とするなら」となっているのだが、それを「もし、彼の命が償いの捧げ物とされるなら」と読み替えるのである。しかしAとCがこの「苦難の僕の詩」を大きく囲い込んでいることを厳密に考えるならば、「あなた」は「イスラエル」のことを指していると言えるのではないか。この点は、「苦難の僕の詩」を囲む五二章と五四章で、シオンが「あなた」と呼ばれていることからも検討されるべき課題である。

また枠組みにのみ出てくる「多くの人々」は、「多くの諸国民」と並行しているので、「苦難の主の僕」の「執り成し」あるいは「贖罪」は、諸国民に対しても影響を及ぼすことが示唆されていると言えよう。このような諸国民の世界への広がりは、第一詩四二章一－四節から付論五－七節への展開において確認できるが、「苦難の僕の詩」の場合には、この詩の本体の冒頭に属しているので、その広がりは極めて明確である。従って、「苦難の僕」よる代理贖罪は他に類例のない宗教的な深み達しているが、同時にイスラエルの民のみならず諸国民の世界に対して広がりをもち、それを射程に収めていると言えるのではないか。このことは、「苦難の僕」による代理贖罪の社会的影響を考える場合、重要な旧約聖書的根拠となり得る。実際、第一詩四二章一－四節は、前述のように諸国民の世界の「政治的な文脈」に置かれているのである。

4　黙示的テキストにおける展開

1　「第三イザヤ」おける「主の僕たちの共同体」

前節で取り上げた「苦難の僕」による代理贖罪という思想は傑出したものであり、旧約聖書にはそれに匹敵するテキストはほとんどないと言える。しかし、その第四詩を含めた「主の僕の詩」は第三イザヤによって「主の僕たち」（複数）というテーマとして確実に引き継がれている。

W. A. M. Beuken は「第三イザヤの主要テーマは「主の僕たち」である」というテーゼを提出している。[17] 実際、「主の僕たち」という言葉は、重要な箇所で一一回用いられている（五四・一七、五六・六、六三・一七、六五・八、九、一三－一五［五回］、六六・一四）。このうち、五四章一七節だけは第二イザヤ書における用例であるが、おそらくは四〇－五五章と五六章以下を橋渡しする役割を担っていると思われる。

他方、第三イザヤ書における「主の僕たち」は、常に捕囚後の教団の中で「敵」と対峙している。その「敵」の立場はコンテキストから、神殿再建中心に、捕囚後のユダヤ教団を再建しようとするものであると言える。すなわち、エズラ九章、ネヘミヤ九章に認められるような「異民族との遮断」と神殿再建を通して、ユダヤ教団のアイデンティティを確立しようとする人々である。それに対して「主の僕たち」は、異民族もヤハウェに帰依するならば共同体に加えられると考えた人々である。

そのことは「第三イザヤ」の枠組みである五六章一－八節と六六章一五－二四節に明確に見られる。両者には「聖なるわたし〔ヤハウェ〕の山」（五六・七、六六・二〇）という同一の表現があり、しかもその山にイスラエル以外の諸民族も上って来るのである。そして、前者の場合には「異邦人が……その〔主の〕僕たちとなり……」（五六・六）とあり、普遍主義的な傾向が明確に示されている。また、後者の場合にはその直前に「主の御手は、その〔主の〕僕たちと共にあり、憤りは敵に臨む」（六六・一四）という一節があり、同様に普遍主義的なヴィジョンがその後に続いて記されている。すなわち、六六章一五－二四節によれば、従来の伝統的な裁きの理解、すなわちヤハウェによる諸国民への審判がイスラエルに救いをもたらすということではなく、むしろヤハウェの審判は教団内部から始まり、そのことを通して、民族的枠組みを超えた、「新しい共同体」がもたらされるのである。[18] これはイザヤ書の最終形態に責任を持つ者たちの「黙示的ヴィジョン」であると考える。

このことは、六六章の冒頭においても確認できる。六六章二節と五節の「わたし〔ヤハウェ〕の言葉におののく人」という表現は、他には旧約聖書中エズラ記九章四節と一〇章三節にしか見られない。エズラ記の箇所は、いずれも捕囚後の「ヤハウェ共同体」から異邦人を追放すべきであるというコンテキストに置かれている。しかし、イザヤ書六六章一－六章の場合は、全く逆に「ヤハウェの言葉におののく人」とは、改宗した異邦人がヤハウェ共同体に参入することに同意する人々のことである[19]。そのような人々は捕囚後のユダヤ教団の中で「敵」と対峙し、緊張関係に置かれていたと考えられる（イザ六六・五－六、一四）。その人々が「主の僕たち」と呼ばれ、イザヤ書の最終形態が提示する普遍主義的傾向、すなわち民族的枠組みを超えた「新しい共同体」を担う者たちとして想定されているのである。魯恩碩は近著『旧約文書の成立背景を問う』（二〇一七年）において「貧者の神学」との関係でイザヤ書六六章に言及し、その背後には捕囚後のユダヤ共同体内部での、終末論的な志向を持つ集団と、神殿および祭儀を志向する集団の対立があることを指摘しているが、このことは、これまで述べて来たことに符合する歴史的社会的現実である[20]。

２　ダニエル書における「目覚めた人々の共同体」と贖罪思想

イザヤ書五三章の「苦難の僕の詩」は前述したようにその後、初代キリスト教会の「イエスの苦難と十字架」理解に大きな影響を与えている。しかし、その「苦難の僕の詩」の反響はすでに旧約聖書内に見ることができる。その理解が新約聖書に継承されていったのである。その一つは、ダニエル書一一－一二章である。

ダニエル書は旧約文書の中の唯一の黙示文学である。黙示文学の定義は種々あるが、ここではJ. J. Collins のものを挙げる。それは、「黙示文学は、啓示が他界の存在者によって人間の受け手に仲介され、終末論的救済を目指す限りにおいて時間的であり、他の超自然的世界を含む限りにおいて空間的でもある超越的現実を表す物語の枠組みを持つ、啓示文学の一類型である」というものである[21]。この定義に基づくならば、ダニエル書は典型的な黙示文学の一つであると言える。一－六章はダニエルを中心として「宮廷物語」の形式をとっているが、異教の世界で生き抜くバビロン捕囚時代のダニエルの姿を描き出すことによって、具体的には、ペルシア時代はもちろんのこと、ギリシア時代までの歴史的背景を持っている。二章の「四つの王国」は、バビロニア、メディア、ペルシア、およびギリシア（紀元前四世紀以降）のことであり、それは「終末論的救済を目指す」物語である。

また、七－一二章の内容は紀元前の二世記中葉にアンティオコス・エピファネスの支配と迫害に関心を集中している。七章の「四頭の大きな獣」は「地上に起ころうとする四人の王」を指すが、第四の獣は十本の角をもち、それの角からさらに「一本の小さな角」が生え（七・八）、その口は尊大なことを語り、やがて「日の老いたる者」によって裁かれる。八章においても同様のことが語られ、「一本の小さな角」が生えてくるが（八・九）、これもまた強大となり、「天の万軍の長にまで力を伸ばし、日ごとの供え物を廃し、その聖所を倒した」（八・一一）。これは明らかにアンティオコス・エピファネスによるエルサレム神殿略奪（紀元前一六八年）を示している。このギリシア系のセレウコス朝シリアによるユダヤ人迫害を背景とする、とりわけダニエル書一一－一二章が本節の考察対象である。

このヘレニズム時代の迫害期に、イザヤ書五二章一三節－五三章一二節のテキストはいかなる仕方で解釈され、またその後の当該テキストの解釈史にどのような影響をあたえたのか。

①「苦難の僕の最古の解釈」

M. Hengel は、キリスト教以前のイザヤ書五三章の影響史を扱った論文で、ダニエル書一一章三三節－一二章三〇節は「苦難の僕の最古の解釈である」という説を肯定的に紹介している[22]。そのことは、いくつかの語句、フレーズ、そして内容的類似性によって明らかであろう。

「マスキリーム」（目覚めた人々）と、その語根（サーカル）の派生語は、ダニエル書に九回用いられている（一・四、一七、九・一三、二二、二五、一一・三三、三五、一二・三、一〇）。これらの語は文脈によって別様に訳し得るが、「マスキリーム」という複数形をもってある種のグループ名を意味するのは、一章一四節、一一章三三、三五節、一二章三、一〇節の五回である。その内、一章一四節は「宮廷物語」の冒頭に登場し「知恵ある者たち」という一般的な意味である。他方、一一章と一二章にそれぞれの二回用いられている「マスキリーム」は捕囚後、特にヘレニズム時代のユダヤ共同体内の「見識ある者たち」を意味している。

他方、イザヤ書五二章一三節は「苦難の僕の詩」の冒頭であり、通常「見よ、わたしの僕は栄える」と訳される。この「栄える」の語根は「サーカル」であり、「見識がある」「得心する」とも訳しうる。また、ダニエル書一二章二節（「地の塵の中の眠りから目覚める」）はイザヤ書二六章一九節と類似し、二節後半（「ある者は永久に続く恥と憎悪の的となる」）の「憎悪」（デイルオーン）は、その他、イザヤ書六六章二四節のみしか見られない。さらに、ダニエル書一二章三節の「悟りある者たち（マスキリーム）は大空の光のように輝き／多くの人々を義（ツェデク）に導いた者たちは／星のようにとこしえに光輝く」（聖書協会共同訳、二〇一八年）というフレーズは、イザヤ書五三章一一節の「わたしの義なる僕は、多くの人々を義とし」（前掲の私訳）の影響下にあることは明確である。従って、少なくともダニエル書一二章一−四節は、イザヤ書、特に五二章一三−五三章一二節の「苦難の僕の詩」の影響を受けていると考えられる。

②「目覚めた人々」と「多くの人々」

ダニエル書における「目覚めた人々」と「多くの人々」との関係は、イザヤ書の「苦難の僕の詩」との関連において注目すべき事柄である。なぜなら、イザヤ書五二章一三節−五三章一二節においても、「多くの人々」と「苦難の僕」との関係が繰り返し言及されているからである。「かつて多くの人々があなたのことでおののいたように」（五二・一四、前掲の私訳。「多くの諸国民」五二・一五も参照）、「わたしの義なる僕は、多くの人々を義とし」（五三・一一、私訳）、「それゆえ、わたしは多くの人々を彼に分け与え」（五三・一二、私訳）、「多くの人々の罪を担い、背いた者たちのために執り成しをしたのはこの人である」（五三・一二、私訳）。この「多くの人々」はイスラエルの民全体を示し、「僕」は代理贖罪をなす存在である。

他方、ダニエル書一一章三三−三五節に見られる「目覚めた人々」と「多くの人々」との関係はイザヤ書との類似性を示しつつも、独自性を有している。まず、「目覚めた人々」は「多くの人々」を導く存在であるが、彼らはある期間迫害される（一一・三三）。また、彼らを助ける者は少なく、「彼らに与する者の中には不誠実な者も多い」（村岡崇光訳）。すなわち、「目覚めた人々」に導かれてはいるが、それに与する「多くの人々」は不誠実なのである。さらに、「目覚めた人々」の中には迫害され倒される者がいるが、それは「多くの人々」の代理としてではなく、彼ら自身が「練り清められる」ためである。

他方、ダニエル書一二章二－三節には、「多くの人々」が死を克服し「復活する」ことが述べられている。旧約聖書中、死者の復活の思想が明確に示されているのは、ここが初めてである。しかしその「多くの人々」のうち、ある者は「永遠の生命に入る」が、ある者は「永遠に続く恥と憎悪の的」となる。すなわち、「多くの人々」は確かに復活するのであるが、そこには全く異なった運命（「永遠の生命」か「永遠の憎悪」）へといたる二つのグループが存在するのである。このことは、「目覚めた人々」に与する者のなかにも、不誠実なものがいるという一一章三四節と対応していると言える。

しかし、一二章二－三節が提示する新しい黙示的ヴィジョンは、特に三節後半に示されている。「目覚めた人々は大空の光のように輝き、多くの者を義とし、星のように永久に輝く」（私訳）。この「多くの者」には定冠詞がついており、他の「多くの人々」とは区別されている。また、「義とする」はイザヤ書五三章一一節の「わたしの義なる僕は、多くの人々を義とする」と対応している。

従って以下のように言うことが出来よう。「目覚めた人々」の迫害による殉教の死は、確かに、一一章三三－三五節においては代理贖罪とは言えず、自分自身の「練り清め」のためであると意味づけられている。しかし、一二章二－三節においては、「復活」という黙示的ヴィジョンの文脈の中で、「目覚めた人々」の苦難と死は「多くの者」を義とする贖罪的意義を有し、彼らは「大空の光のように輝き、多くの者を義とし、星のように永久に輝く」と告げられているのである。このダニエル書の叙述は、イザヤ書五三章の「苦難の僕の詩」を黙示文学特有の終末論的希望において解釈していると言える。

5　「苦難の僕」による贖罪と「新しい共同体」のヴィジョン

イザヤ書五二章一三節－五三章一二節の「苦難の僕の詩」は、旧約聖書内に類例を見ない傑出した「代理贖罪」の思想と出来事を描き出している。もちろんその背後には第一イザヤ書の「メシア的王の待望」、また第二イザヤ書の最初の三つの「主の僕の詩」がある。それらはいずれも「文献のカテドラル」であるイザヤ書の重要な柱であるが、この「苦難の僕の詩」はとりわけイザヤ書を根底において支える最重要のテキストである。

その「苦難の僕」は誰かについて一義的に断定はできないものの、バビロン捕囚末期に活動をした第二イザヤという預言者の生と死がその中心となってテキストが形成されていったことは間違いないであろう。そして、その「苦難の僕」を囲む弟子たちの共同体があり、その共同体は一度崩壊したが、彼の命が「償いの捧げ物」（アーシャーム）であるという認識転換を成し遂げ、「彼は自らの苦しみのすえに光を見／それを知ることで満足するであろう」（五三・一一）と記した。それは「ヤハウェはわたしたち皆の咎を彼に背負わされた」（五三・六）、「多くの人々の罪を担い／背いた者たちのために執り成しをしたのは／この人である」（五三・一二、前掲の私訳）という確信に基づくものであったと言える。この場合の「わたしたち」は「苦難の僕」の弟子たちを指し、「多くの人々」はイスラエルの人々、さらには諸国民の世界をもその射程に収めていることを示唆している（五二・一四－一五）。

この「苦難の僕による贖罪」思想は、その後、様々な仕方で継承され、伝承されていった。そのイザヤ書内の展開は「第三イザヤ」の「主の僕たちの共同体」によって担われたと考えられる。彼らは捕囚後のユダヤ共同体の中で、六六章に典型的に見られるように終末的志向をもつ集団であり、神殿および祭儀を志向する集団と対峙していた。そして、その葛藤の中から民族的な枠組みを超えた「新しい共同体」の黙示的ヴィジョンを提示していったのである（六六・［一四］一五－二四、また五六・三－八も参照）。

他方、イザヤ書が最終的に成立してから、それほど時を経ず「苦難の僕による贖罪」思想はダニエル書にその影響を与えることになったと考えられる。ヘレニズム時代におけるセレウコス朝シリアによる迫害下で、それと自覚的に対峙した者たちは「目覚めた人々」（マスキリーム）と呼ばれている（ダニ一一・三三、三五、一二・三、一〇）。彼らは「多くの人々」を導き、「ある期間、剣にかかり、火刑に処され、捕らわれ、略奪されて倒される」（一一・三三）。

この迫害下での苦しみは確かに「多くの人々」の代理としてではなく、彼ら自身が「練り清められる」ためである。しかし、旧約聖書中はじめて死者の復活の思想が明確に示されているダニエル書一二章二－三節では、「目覚めた人々」の苦難と死は「多くの者」を義とする贖罪的意義を有し、彼らは「大空の光のように輝き、多くの者を義とし、星のように永久に輝く」（私訳）と告げられている。この「多くの者を義とし」は、イザヤ書五三章一一節後半の「わたしの義なる僕は、多くの人々を義とし、彼は、彼らの咎を負うであろう」（前掲の私訳）を想起させる。また、「光のモチーフ」は、一一節前半の「彼は自らの苦しみのすえに光を見、それを知ることで満足するであろう」と共通している。このことは七〇人訳聖書、またクムランのイザヤ書写本（複数）においても同様である（1QIsaのａ写本とｂ写本、4QIsaのｄ写本）。すなわち、迫害を受け倒れた（死んだ）「目覚めた人々」は、奇跡的に死を免れるのではなく、復活して光を見るのである。これはイザヤ書五三章の「苦難の僕の詩」の黙示文学的な展開である。

このことから、旧約聖書文書内で「苦難の僕」による贖罪思想は、ユダヤ民族の枠組みを超えていく「主の僕たちの共同体」に継承され、さらには迫害下の苦難と死を克服していく「目覚めた人々」の共同体に影響を与え、新約聖書への道を開いていったと言えるであろう。エルサレム神殿の祭司集団と対峙していたクムラン共同体のイザヤ書へブライ語写本は、その時代の消息を伝えるものとして重要な意味を持っている。

注

（1）U. F. Berges, Isaiah TheProphet and his Book,Sheffield Phonenix Press, 2011, p. 23.
（2）J. F. A. Sawyer,The Fifth Gospel Isaiah in the History of Christianity, Cambridge University Press, 1996.
（3）K・ベルガー『死海写本とイエス』土岐健治訳、教文館、二〇〇〇年、一三〇－一三一頁。
（4）H. G. M. Williamson, VARIATIONS ON A THEME King,Messiah and Servant in the Book of Isaiah, THE DIDSBURY LECTURES 1977, paternoster press, 1978.
Williamsonはこの書の中で、イザヤ書の各部分において、正義を実現する人間像の役割を考察し、その未来的要素はイザヤ書内においては個人に限定されないその時代の課題を示しているとしている。本論文ではそれを「メシア預言」と呼んでおく。

（５）W. H. Schmidt, Zukunftsgewißheit und Gegenwartskritik,Neukirchener Verlag, 1973, S. 64.

（６）A. Alt, "Jesaja 8, 23–9,6 Befreiungnacht und Krönungstag." KlSchr II, 1953, 206–225.

（７）W. A. M. Beuken, Jesaja 1–12, HThKAT, 2003, S. 305.

（８）H. J. Hermisson, "Zukunftserwartung und Gegenwartskritik in Verkündigung Jesajas", EvTh33, 1973, 54–77.

（９）J. Blenkinsopp, Isaiah 1–39, The Anchor Bible 19, 2000, W. A. M. Beuken, *ibid.*

（10）U. Berges, *ibid.*, p. 50.

（11）B. Duhm, Das Jesaja, Vandenhoeck & Ruprecht in Goettingen, 1892（5. Auflage 1968）.

（12）この文章構造の分析は、主に最近のBergesに依拠している。

		語り手	時制
第一段落	五二・一三－一五	ヤハウェと著者	未来と過去（Ａ）
第二段落	五三・一－三	「わたしたち」	認識転換前の過去（Ｂ１）
第三段落	五三・四－六	「わたしたち」	認識転換後の過去（Ｂ２）
第四段落	五三・七－一〇ａα	著者	過去（Ｂ３）
第五段落	五三・一〇ａβ－一二	著者とヤハウェ	未来と過去（Ｃ）

この段落区分は適切である。それをＡとＣが全体を囲い込み、Ｂ１、Ｂ２、Ｂ３を過去に属する纏りと捉える。

Ulrichi Berges, Jesaja 49–54, Herder Theologischer Kommentar zum Alten Testament, S. 220, 2015, HERDER.

（13）関根清三は五三・一－一〇ａαを一段落としている。『旧約聖書のおける超越と象徴』東京大学出版会、一九九四年、四四一－四四二頁。

（14）Bernd Janowski, "Er truk unsere Sünden. Jes53 und die Dramatik der Stellvertretung", in Der leidende

Gottesknecht, Mohr Siebeck, 1996, S. 40ff.
(15) Ulrich Berges, *ibid.*, S. 269.
(16) 関根清三、前掲書、三九七頁。
(17) W. A. M. Beuken,"The Main Theme of Trito-Isaiah.The Servants of Yhwh", JSOT 47, 1990.
(18) 大島力『イザヤ書は一冊の書物か？――イザヤ書の最終形態と黙示的テキスト』教文館、二〇〇四年、一三七－一四五頁。
(19) S. Sekine, Die Tritojesajanishe Sammlunkg (Jes56-66) redaktiongeschichtlish untersucht, BZAW 175, 1989, pp. 43ff. U. Berges, Das Buch Jesaja: Komposition und Endgestalt, Herders Biblische Studien Bd. 16, 1998, p. 518.
(20) 魯恩碩『旧約文書の歴史的背景を問う――共存を求めるユダヤ共同体』日本基督教団出版局、二〇一七年、二九五頁等。
(21) 西村俊昭『旧約聖書における知恵と解釈』創文社、二〇〇二年、一三六－一三八頁。
(22) Martin Hengel with Daniel P. Bailey,"The Effective History of Isaiah 53 in the Pre-Christian Period", in The Suffering Servant Isaiah 53 in Jewish and Christian Sources, Eerdmans, 2004.

第二章　ヨハネ福音書における贖罪理解

髙砂民宣

はじめに

第四福音書（ヨハネによる福音書）と共観福音書（マタイ、マルコ、ルカによる福音書）との間には、時間的記述における重要な相違が見受けられる。それは、イエスが十字架につけられる日が、一日ずれていることである。共観福音書によれば、最後の晩餐は過越の食事であり、ニサンの月の一四日にその食事は行われた。そしてイエスの逮捕と裁判はその日の夜に行われ、夜が明けると十字架刑は執行される。つまり、イエスが十字架につけられたのは、ニサンの月の一五日ということになる。しかし第四福音書によれば、この食事は「過越祭の前のこと」（一三・一）となっており、最後の晩餐はニサンの月の一三日に行われた。共観福音書と異なり、第四福音書によると、最後の晩餐は過越の食事ではあり得ないことになる。第四福音書によれば、イエスはニサンの月の一四日に十字架につけられる。これは神殿で過越の犠牲が屠られる日である。

この過越祭はユダヤ教の三大祝祭の一つである。かつてイスラエルの民がモーセに率いられてエジプトを脱出した時、門に小羊の血が塗られたイスラエルの家は災いが過ぎ越した。しかし門に血が塗られていないエジプト人の家には災いが降りかかったのである。それにより、イスラエルの民はエジプト脱出が可能となり、後にそれを記念したのが過越祭である。第四福音書は特に、イエスが十字架についたのは、過越の小羊が屠られる「正午ごろ」（一九・一四）であったと主張している。一方、共観福音書ではイエスが十字架につけられたのは朝の九時となっている（マルコ一五・二五）。そこには一日および三時間という時間のずれがある。ニサンの月一四日の正午頃にイエスが十字架につけられたということは、イエスこそ屠られる過越の小羊であることを意味している。イエスこそ、人間の罪を一身に背負い、執り成してくださる贖い主である、という神学的主張がそこにはある。まさに洗礼者ヨハネが証ししたように、イエスこそ「世の罪を取り除く神の小羊」（一・二九）に他ならないのである。

第四福音書と共観福音書との時間的記述の相違は、それぞれの福音書記者が用いた資料の段階で既に異なっていたのかもしれない。しかし、各福音書記者が抱く神学的見解の違いから、時間的記述の相違は生じたとも考えられるのではないか。共観福音書記者は、聖餐式をキリスト教の新しい過越と見なした。それ故に、最後の晩餐は過越の食事でなければならなかった。しかし第四福音書では、イエスを「世の罪を取り除く神の小羊」と見なす。少し強引な言い方かもしれないが、そうした神学的強調点の違いから、日付を始めとする若干の記述上の相違が生じたとも考えられるのではないだろうか。

本論文では、第四福音書の贖罪論について言及していると見なされている箇所を取り上げて、考察していく。

1　一章二九節、一章三六節　世の罪を取り除く神の小羊

第四福音書の一章は、単なるプロローグではなく、イエスの役割を指し示すキリスト論的な称号や記述を多く含んでいる[1]。特に一章二九－三四節には、洗礼者ヨハネによる力強い宣言が記されている。「見よ、世の罪を取り除く神の小羊だ」（二九節）。この「神の小羊」というキリスト論的称号は、三六節でも繰り返される。洗礼者ヨハネの使命、それはイエス・キリストを証しすることである。αἴρω（「取り除く」）という語は「除去する」、或いは「消し去る」という意味である。人間の罪を、イエス・キリストが身代わりとなって十字架につくことにより、帳消しにしてくださるということである。ここには明確な贖罪論を見ることができる。

イエスこそ、「世の罪を取り除く神の小羊」。このキリスト論的称号の根底には、旧約聖書に記された二つの出来事がある。

①出エジプト記一二章には、過越祭に屠られる小羊の由来が記されている。エジプトにおいて過酷な強制労働を強いられていたイスラエルの民は、モーセに導かれてエジプトを脱出する。その出来事の発端は、イスラエルの民の家の鴨居に小羊の血を塗ることにより、神の怒りが過ぎ越したことによる。小羊の命が犠牲とされることにより、神はイスラエルの民の罪を赦されたのである。第四福音書記者は、他にも多くの出エジプトのモチーフを用いている（出一三・三－一〇「除酵祭」、出二九・三八－四六「日毎の献げ物」、等）。

また、旧約聖書に記された奴隷状態からの解放は、新約聖書においては罪の奴隷状態からの解放へと発展する（一コリント五・七、一ペトロ一・一八－一九参照）。

②イザヤ書五三章に記された救い主についての預言は、イエス・キリストにおいて成就する。そこには、イスラエルの民全体の罪をその身に引き受け苦しむ苦難の僕の姿が描かれており、それはイエスの死において現実の出来事となるのである。

続く一章三五節以下には、イエスの最初の弟子たちが、どのようないきさつでイエスに従うようになったかが記されている。第四福音書では、イエスに従った最初の弟子は二人であり、彼らは当初、洗礼者ヨハネの弟子であったと記されている（一・三五）。二人の弟子たちは、自分たちの師である洗礼者ヨハネの証言に導かれ、イエスの弟子となる。洗礼者ヨハネの証言、それは「見よ、神の小羊だ」というものである（二九節でも）。

先にも触れたが、第四福音書は特に、イエスが十字架についたのは過越の小羊が屠られる時（ニサンの月一四日の正午頃）であったと主張している（一九・一四）。共観福音書ではイエスが十字架につけられたのは朝の九時となっている。そこには一日および三時間という若干のずれがある。それはイエスこそ、屠られる過越の小羊であるという神学的な主張がある。イエスこそ、人間の罪を一身に背負い、執り成してくださる贖い主なのである。

2　三章一四－一五節　人の子も上げられねばならない

民数記二一章四－九節には、「青銅の蛇」について記されている。エジプトを脱出したイスラエルの民は、砂漠の旅を続ける中で、神とモーセに不平を述べた。神は炎の蛇を民に向かって送り、その蛇によって噛まれた者の中から多くの死者が出た。恐れをなした民は罪を犯したことを懺悔し、蛇を取り除いてくれるようモーセに懇願する。モーセは民のために神へ執り成しの祈りを捧げた。そして神の命じるまま青銅の蛇を造り、旗竿の先に掲げた。蛇に噛まれた者はそれを見上げると命を得た。

第四福音書の三章一四－一五節には、この民数記二一章に記された出来事が背後にあると考えられている。かつてエジプトを脱出したイスラエルの民は、荒れ野で青銅の蛇を仰ぐことによって罪を赦され、命を得た。それと同様に、十字架にかけられたイエスを仰ぐことにより、罪を赦され、永遠の命を与えられることが示されているのである。特に三章一四節の「モーセが荒れ野で蛇を上げたように、人の子も上げられねばならない」という文の中で、「上げる」には ὑψόω という語が用いられている。この語は、イエスを十字架にかけるために上げることと、死人の中から天へと上げられるという二重の意味を持っている。つまり、十字架に上ることと天に昇ることが ὑψόω という動詞で同一化され、十字架の受難と高挙とが等しいものとなっているのである。十字架上のイエスは栄光の姿として顕示されている、ということである。そして δεῖ（「必要である」「ねばならない」）という語が示すように、キリストの死、十字架による贖罪は、神的必然なのである。

八章二八節にはまた、「あなたたちは、人の子を上げたときに初めて、『わたしはある』ということ、また、わたしが、自分勝手には何もせず、ただ、父に教えられたとおりに話していることが分かるだろう」と記されている。人々はイエスを十字架につけることにより、イエスは何者であるかを知る、というのである。また、一二章三二節には、「わたしは地上から上げられるとき、すべての人を自分のもとへ引き寄せよう」[2]と記されている。イエスの十字架による贖罪によって、人々は神の支配へと引き寄せられるのである。

3　六章五三－五四節　イエスの肉を食べ、血を飲む

六章一－一五節に記された「五〇〇〇人に食べ物を与える」という奇跡物語は、四つの福音書全てに記されている重要なものである。第四福音書の記述で特徴的なのは、「ユダヤ人の祭りである過越祭が近づいていた」（六・四）とあるように、奇跡が起こった時期を敢えて記している点である。第四福音書ではイエスの十字架上の死と過越祭とが、明らかに結び合わせて考えられている。イエスこそ真の過越の小羊であり、命のパンの与え手であることが、ここでは強調されているのである。

この五〇〇〇人のパンの奇跡物語において、第四福音書で特徴的なのは、奇跡の後にイエスによる長い講話が続く点である。かつてイスラエルの民がエジプトを脱出し、荒れ野を旅した時、彼らはマナを与えられた。それを食べることによって、イスラエルの民は生き延びることができたのである。しかしこのマナを与えたのはモーセではなく神である、とイエスは断言する。そしてイエスこそ命のパンであり、モーセをしのぐ者であると、福音書記者は主張するのである。

さらに第四福音書の奇跡物語で特徴的なことは、旧約のエリヤ・エリシャ伝承と対応している点である。六章に記されたパンの奇跡に関して述べるならば、エリシャが大麦パン二〇個で一〇〇人の空

腹の人々を満腹にさせ、しかも彼らは食べきれずに残したという奇跡（王下四・四二－四四）に対応していることは明らかである。エリシャは大麦パン二〇個で百人の人々を満腹にさせたが、イエスは大麦パン五個と魚二匹で五〇〇〇人もの人々を満腹にさせる。イエスはエリシャの時よりも少ないパンで、より多くの人々を満腹にさせるのである。ここには、イエスが旧約の預言者を遥かにしのぐ者であるという主張が根底にあると断言できる。

イエスはここで、ご自分こそが命のパンであると宣言される。そしてこの宣言を受けて、続く六章五二－五八節では聖餐についての議論へと発展していく。

イエスの肉を食べ、血を飲む。それは、十字架の上で裂かれたイエスの体と流された血に与かるということである。そしてそれによって永遠の命を与えられるのである。これは聖餐に与かることを意味している。キリスト者は聖餐に与かることによって、イエスがその人の内にいつもいてくださることを確信するのである。しかし人々は、イエスが言われたことを字義通りに解釈し、「肉を食べる」「血を飲む」といったグロテスクな言葉に耳を塞いでしまう。

旧約聖書には、血を飲むということが禁じられている。なぜならば血の中に、人間や動物の命があると考えられていたからである（レビ一七・一四）。それゆえに、イエスの血を飲むということは、ユダヤ人にとっては受け入れ難いことであった。けれどもレビ記一七章一一節に目を転じてみると、「血はその中の命によって贖いをする」と記されている。それは、血が神に献げられることにより、神との交わりに入れられるということである。つまり、十字架の死を通して神に献げられたイエスの命によって、人間の罪は贖われ、永遠の命を与えられる、ということである。

イエスは言われる。「わたしの肉を食べ、わたしの血を飲む者は、永遠の命を得、わたしはその人を終わりの日に復活させる」（ヨハ六・五四）。この箇所では τρώγω（「食べる」）という語が用いられている。この語は「嚙み砕く」とか「食う」といった、粗野な意味を持つ語である。(3) ここでは何故このような語が用いられているのであろうか。それは、ユダヤ教の会堂とキリスト教の教会との間に激しい対立があり、そうした中で教会から遠ざかり、信仰を捨ててしまう人たちが現れ始めたからである（六・六六）。かつて洗礼を受け、共に聖餐に与かっていた人たちの中から、脱落する者たちが出てきたのである。そこで福音書記者は、洗礼や聖餐が意味する内実を明らかにするために、敢えて聖餐に与かることの大切さを訴えているのである。(4) イエスを「命のパン」と確信し、聖餐に与る必要性が強調されている。

六章六〇節には、ユダヤ人たちだけでなく、弟子たちの中からも躓き、離れ去る者たちがいたことが記されている。けれどもそのような中で、ペトロは信仰を告白する。「主よ、わたしたちはだれのところへ行きましょうか。あなたは永遠の命の言葉を持っておられます。あなたこそ神の聖者であると、わたしたちは信じ、また知っています」（六・六八－六九）。多くの人々がイエスのもとから立ち去る中、ペトロはイエスこそ救い主であり、神の子であり、イエスに従い続けると告白する。なぜならば、イエスの内にこそ、永遠の命の言葉があるからである。

九章二二節や一二章四二節、および一六章二節にも記されているように、第四福音書が書かれた一世紀の終わり頃、キリストの教会は、大きな動揺の中に置かれていた。ヤムニア会議において、ユダヤ教側はキリスト教会を異端であると宣言し、キリスト者たちは会堂（シナゴーグ）から追放されていたのである。ヤムニア会議において、「十八祝禱（シェモネー・エスレー）」がユダヤ教の諸会堂で朗誦されるようになっていた。その第十二禱には、キリスト者に対する呪いの文言が含まれていたのである。第四福音書には、このような当時のユダヤ教とキリスト教との対立が反映されている。[5] そうした出来事が、「実にひどい話だ。だれが、こんな話を聞いていられようか」（六・六〇）という言葉に象徴されているのである。

イエスの言葉は、第四福音書が書かれた当時の、教会から発せられる宣教の言葉でもある。そしてペトロは、イエスを信じ、教会に踏み止まった人々を代表して、信仰を告白している。それゆえに彼は、「主よ、わたしたちは……」と一人称複数形で告白しているのである（六・六八－六九）。そして第四福音書記者は、この福音書を読む全ての読者に、同じように信じて告白することを祈り求めているのである。

4　一〇章一〇b－一一、一七節　良い羊飼いは羊のために命を捨てる

第四福音書には、イエス・キリストがどのような御方であるかが、ἐγώ εἰμι ＋名詞（「わたしは……である」）という形で様々なものに譬えられている。「わたしが命のパンである。わたしのもとに来る者は決して飢えることがなく、わたしを信じる者は決して渇くことがない」（六・三五）。「わたしは世の光である。わたしに従う者は暗闇の中を歩かず、命の光を持つ」（八・一二）。そしてこの箇所でも、イエスは「羊の門」（一〇・七）、さらに「良い羊飼い」（一〇・一一）に譬えられている。

羊はよく愚かな動物の代表であるかのように記される。しかし、羊たちは羊飼いの声を聞き分け、自分の名前を呼ばれると反応する。そして羊飼いは羊たちの先頭に立って彼らを導き、牧草地へと連れて行くのである。

第四福音書の一〇章には、旧約聖書の詩編二三編が背景にあると考えられている。詩編二三編一―四節には、神と人間との関係が、羊飼いと羊に譬えられている。神こそが自分の人生を導く羊飼いである、と詩人は告白しているのである。

「主は御名にふさわしく／わたしを正しい道に導かれる」（詩二三・三b）。自分の好きな所へ勝手に行って道に迷ってしまった羊を、良き羊飼いは血眼になって探し出し、正しい道へと連れ戻す。それと同様に、神はいつも守り導いてくださり、自分が間違った方向へ進む時、必ずや軌道修正してくださると詩人は告白している。

さらに第四福音書の一〇章には、エゼキエル書三四章が背景にあると見なされている。そこではイスラエルの牧者たち、すなわち指導者たちが、自分自身を養うことだけに関心があり、群れを養うことをしないことが厳しく糾弾されている。そして主なる神は彼らに群れを飼うことをやめさせ（三四・一〇）、神ご自身が群れを養い、憩わせる（三四・一五）と宣言される。

失われた羊を探し求めず、自分自身を養うことだけに関心を持つイスラエルの牧者たち。彼らは新約の時代におけるユダヤ教の指導者やファリサイ派の人々に当てはまる。そして第四福音書の一〇章では、彼らを盗人や強盗、或いは雇い人に譬えている。彼らに共通する点は、自分の利益だけを追い求めているということである。それとは対照的に、良い羊飼いは羊のために命を捨てる（一〇・一一）。

ここに出てくる ὑπέρ（「……のために」）という語も贖罪の用語である。良い羊飼いが自らの命を犠牲にすることにより、羊たちは命を得る、というのである。そして真の羊飼いであるイエスの声を聞き分けて従う者は、永遠の命を得るのである（一〇・二八）。

この箇所では、「わたしは羊のために命を捨てる」（一〇・一五）、「だれもわたしから命を奪い取ることはできない。わたしは自分でそれを捨てる」（一〇・一八）と、イエスの十字架の贖罪が繰り返し強調されている。

第四福音書一〇章七節でイエスは、「わたしは羊の門である」と宣言される。この語の前には ἀμὴν ἀμὴν λέγω ὑμῖν（「はっきり言っておく」）という、イエスが大切な教えを述べる時に前置きとして必ず言う言葉が付されている。イエスは良い羊飼いであると共に、羊の門であるというのである。一〇章九節には、イエスを通って入る者は救われ、その門を出入りすることによって牧草を見つける、と記されている。この句はまた、「わたしは道であり、真理であり、命である。わたしを通らなければ、だれも父のもとに行くことができない」（一四・六）という有名な聖句を想起させる。

5　一一章四九－五二節　大祭司カイアファによる無意識の預言

一一章四五－五七節には、ラザロの復活を目撃した人々のうち、多くの人々がイエスを信じたことが記されている。しかし目撃した人々の中には、ファリサイ派の人々に密告する者もいた。

ユダヤ人は自分たちを神によって選ばれた民であると自負していた。それゆえに、実際にはローマ帝国の支配下におかれていても、自分たち以外の民族を「異邦人」と呼んで軽蔑した。そして、いつの日か、強力な政治的指導者が現れ、自分たち選民をローマ帝国の支配から解き放ってくれると信じていた。そうした期待がイエスに向けられたのである。彼らはこの後、一二章一二節以下で、歓喜してイエスをエルサレムに迎える。「ホサナ。主の名によって来られる方に、祝福があるように、イスラエルの王に」（一二・一三）。しかしその数日後、イエスが自分たちの期待するような政治的メシアでないことが分かると、手の平を返すように今度はイエスに対して ἆρον ἆρον, σταύρωσον αὐτόν（「殺せ。殺せ。十字架につけろ」）（一九・一五）と叫び出すのである。特にここで興味深いのは、共観福音書の並行箇所では単に「十字架につけろ」と記されているのに対し、第四福音書では ἆρον ἆρον.（「殺せ。殺せ」）という言葉が付随している点である。この ἆρον という語は一章二九節に登場するキリスト論的称号「世の罪を取り除く神の小羊」の αἴρω（「取り除く」或いは「消し去る」）という語の二人称単数第一不定過去の命令法である。こうしてみると、イエスが身代わりとなって十字架につくことにより、人間の罪を帳消しにするというキリストの贖罪を、ユダヤ人たちは思いも寄らない仕方で手を貸すことになるというアイロニーを、ここに見出すことが出来るのではないか。

　一一章四七－四九節には、ユダヤ教の祭司長たちがどれほどイエスを恐れていたかが明白に記されている。当時、「最高法院」はサンヘドリンと呼ばれ、祭司長たちやファリサイ派の人々で構成されるユダヤにおける宗教的な最高権威であった。この最高法院が招集され、ユダヤの指導者たちは、イエスに対する群衆たちの熱狂的な期待を何とかして沈めようと画策する。このまま放っておくと、人々はイエスを担ぎ出してローマ帝国に対してクーデターを起こしかねない。そうなれば、ローマの軍隊が導入され、ユダヤ全体が滅ぼされてしまうのではないかと、指導者たちは危惧したのである。

そうした中、その年の大祭司であったカイアファが、イエスの殺害を発案する（一一・四九－五〇）。クーデターが起こる前にイエスを処刑し、ユダヤ全体の安寧を得ようとするのである。大祭司であるカイアファは、祭司長やファリサイ派の人々に向かって、「あなたがたは何も分かっていない」（四九節）と得意になって言うが、実は彼自身が本当には何も分かっていなかったことが後で明らかになる。大祭司といえば宗教上、最高の権威を持つ存在である。ヘブライ人への手紙によると、大祭司は神と人間との仲立ちをする、宗教上最も重要な任務にある人物である。しかしカイアファは、イエスを神の子と信じることができない。そればかりでなく、イエスこそ旧約聖書に預言されているメシアであることに気付かず、彼を殺そうとしているのである。しかし神は、そうした人間の愚かな考えを越えている。御子イエスが十字架につけられて殺されることにより、この世を救おうという神の御計画は、成し遂げられるのである。一一章五〇節の ὑπέρ という語は、「民の代わりに」よりも「民のために」と訳す方が適切であろう。罪のない御方が殺されることにより、民全体が救われる。イエスの死は代償死であり、贖罪死なのである。

そして大祭司であるカイアファの提言の背後には、神の深い摂理がある。神の計画は、人の思いを遥かに越えている。例えば旧約聖書のイザヤ書四四章二四－二八節には、キュロスによる解放について記されている。神はバビロンの地で捕囚となっているイスラエルの民を解放するために、ペルシャ王キュロスという、異邦人をさえ用いたのである。そのように神は人間の思いを遥かに越えた、驚くような仕方で御自分の計画を遂行される。まさに歴史を導かれる神なのである。第四福音書の一一章でも、大祭司であるカイアファは自分の意志とは異なる仕方で、最終的には神の計画に用いられることになるのである。

さらに一一章五二節の言葉は重要である。イエスは「国民のためばかりでなく、散らされている神の子たちを一つに集めるためにも死ぬ」というのである。それはつまり、イスラエルの人々だけでなく、全世界の人々を、キリストにあって一つにするため、ということである。イエスという真の羊飼いによってすべての人が導かれ、最後には一つの群れとなる、というのである。

6 一二章一―八節 ベタニアでの香油の注ぎ――贖罪のメシアとしての即位式

第四福音書の一二章には、ベタニアでの香油の注ぎ（一二・一―八）、エルサレム入城（一二・一二―一九）、一粒の麦（一二・二三―二四）等、イエスの受難を目前にして、重要なことが記されている。「ベタニアでの香油の注ぎ」の冒頭には、「過越祭の六日前」（一二・一）と日付が記されている。第四福音書によれば、イエスは神殿で過越の犠牲が屠られる時に、十字架につけられる。それ故に、「過越祭の六日前」という日付をあえて記しているのは、その時が目前に迫っていることを物語っている。それはまた、地上での最後の一週間に突入したことを意味している。非常に緊迫した状況であることが、直前の一一章五七節の記述からも明らかである。

過越祭は、イスラエルの民が、かつてエジプトから脱出したことを記念して守られる祭である。仮庵の祭、五旬祭と並ぶユダヤ教の三大祝祭の一つである。過越祭の時には、パレスチナ全土から、および他国に住むユダヤ人たちも、エルサレムの都に巡礼に来た。イエスもエルサレムに程近いベタニアに到着された。そこはイエスがラザロを死人の中から甦らせた場所である。イエスは歓迎され、夕食のもてなしを受ける。

そこにマリアが香油を持って登場する（一二・三）。彼女が持ってきた「ナルドの香油」とは、インド原産の甘松《かんしょう》の根から搾り取った油である。それをマリアは一リトラも持ってきた。一リトラは約三三〇グラムである。ナルドの香油はとても高価なものであり、それが三三〇グラムというと、三〇〇デナリオンに値する。当時の労働者が一日働いて得る賃金が一デナリオンであったと言われる。故に、三〇〇日間の生活費に相当する額である。その高価な香油を、マリアはイエスの足に惜し気もなく塗った。このマリアの行為は、イエスを一心に愛し、敬うところから来ていた。

他の福音書の並行記事（マタイ二六・六－一三、マルコ一四・三－九）と読み比べると、第四福音書の特徴が明らかになる。マタイ福音書とマルコ福音書では、この家は重い皮膚病の人シモンの家である。また、女はイエスの「頭」に香油を注ぎかける。さらに、その出来事を見て憤慨したのは、マタイによれば「弟子たち」であり、マルコによれば「そこにいた人の何人か」であった。しかも両福音書とも、イエスの次の言葉で締めくくられている。「はっきり言っておく。世界中どこでも、福音が宣べ伝えられる所では、この人のしたことも記念として語り伝えられるであろう」。初代教会では、このマリアが行なったことは象徴的な行為として語り伝えられた。

しかし第四福音書によると、不平を述べるのは、後にイエスを裏切るユダである。そしてマリアは香油をイエスの頭ではなく、足に塗ったと記されている。マリアは自分がイエスに香油を塗ることで、栄誉を与える等とは少しも考えていなかったのである。さらにマリアは、自分の髪でイエスの足をぬぐった。この行為には、兄弟のラザロを生き返らせていただいたことへの心からの感謝と共に、イエスに対する尊敬の思いが込められている。イエスこそメシア（救い主）であるという、信仰の告白を体現したとも言えよう。

第四福音書の特徴の一つに、二重の意味を含む点がある。ここでも、香油を塗るという行為は、二重の意味を持っている。①高貴な人の死体に香油を塗るという習慣を暗示する。②旧約の時代、預言者や王が選ばれてその職務に就く際、その頭には油が注がれた。イスラエルの理想的な王となるダビデも、サムエルによって油を注がれ、聖別された（サム上一六・一三）。つまりイエスは十字架につけられることによって贖罪のメシアとして即位されるのであり[6]、イエスに香油を注ぐことは、独り子なる神としての地上における目に見える就任式と言えるのではないだろうか。

7　一二章二三―二四節　一粒の麦

この箇所でも「祭りのとき」（二〇節）とあるように、過越祭の時であったことが明記されている。この間、ユダヤ人だけでなく、多くの異邦人たちもエルサレムに上って来ていた。その中に、数人のギリシア人がいた、と記されている（一二・二〇）。ローマの信徒への手紙一章一六節にも、「わたしは福音を恥としない。福音は、ユダヤ人をはじめ、ギリシア人にも、信じる者すべてに救いをもたらす神の力だからです」とあるように、新約聖書では「ギリシア人」という語は、しばしば異邦人全体を指す時に用いられる。つまり第四福音書では、異邦人がここに登場することにより、イエスの福音が世界的な広がりを持つものであることが明らかにされる。新しい時の始まりを意味しているのである。

イエスはここで、「人の子が栄光を受ける時が来た」と言われた（一二・二三）。この「栄光を受ける時」とは、十字架の時を意味している。イエスにとって栄光の時とは十字架の時であり、自らの死によって栄光を顕す時なのである。第四福音書において、イエスは度々「わたしの時はまだ来ていない」と言われた（二・四、七・六）。しかしついに、イエスはその時が来たと宣言する（一二・二三）。第四福音書では、十字架はイエスに委ねられた地上の業の完成であり、イエスは十字架の上で息を引き取る時に、「成し遂げられた」と宣言される（一九・三〇）。また一二章二七節では、「わたしはまさにこの時のために来た」と言われる。一二章二八節の言葉（「わたしは既に栄光を現した。再び栄光を現そう」）は、これまでイエスが為された数々のしるしと、これから行われるイエスの十字架の死を指しているのである。

一二章二三節でイエスが「人の子が栄光を受ける時が来た」と言われた時、無理解な弟子たちは、「ついにローマ帝国を滅ぼし、イスラエル王国を打ち立てる時が来たのか」と誤解した。弟子たちを始め、人々はイエスに、この世の勝利を期待したのであった。しかし二四節でイエスは彼らの期待とは全く異なることを言っている。それは十字架の死による勝利である。イエスが語る栄光、それは人々のためにご自身を献げることであった。

「一粒の麦」（一二・二四）の譬えにおいて、イエスは十字架につけられて殺されるが、三日目に甦ることを指している。一粒の種は大地に蒔かれることによって一度姿を消す。しかし後には芽を出して豊かな実を結び、予想を超えた大きな収穫をもたらすのである。死から命への転換、これがイエスの死に譬えられている。「死ねば、多くの実を結ぶ」（一二・二四）という言葉も、イエスの十字架の死が、多くの人々のための贖罪の死であることは明らかである。

続く一二章二五－二六節には、イエスに従うキリスト者の歩むべき道が示されている。「自分の命」（二五節）の「命」には、ψυχή というギリシア語が用いられている。これは自然の命、肉体的な命を指す。しかし「永遠の命」の「命」には、ζωή という語が用いられている。これは霊的な命を指す。「自分の命を憎む」という強烈な言葉は、人間はどこまでも自己中心的な存在である故、それほどの強い決断がなくては、最後まで神に従うことはできないことを示している。そしてそれは、イエスとの生きた交わりの中で貫くことができる、と聖書は告げているのである。

8　一三章六－八節　洗足の出来事

第四福音書の一三章には、「ヨハネによる福音書版 最後の晩餐」とも言える記事が記されている。共観福音書と比べると、その特異性は一目瞭然である。イエスによる洗足という記事は、第四福音書独自のものである。また、冒頭の一節から三節には、第四福音書記者独自の神学の主要素が凝縮して納められているといった感がある。

第四福音書では、まず初めに出来事があり、その後にイエスの独白・勧告が続く。この一三章においても、一節から一一節には洗足という出来事が記され、続く一二節からは、その洗足（十字架による贖罪を指し示している）を基に、相互に愛し合い、仕え合うことが勧められている。

一三章一節に記された「御自分の時」という句は、神がイエスに栄光を与える時であると共に、イエスが十字架の死によって世を救い、神に栄光を帰する時を意味している。μεταβαίνω（「移る」）という語は、ある場所から他の場所へと移動することを意味する。ここでは、イエスの死が天への出発・帰還と見なされている。ちなみに五章二四節では、イエスの言葉を聞き、父なる神を信じる者は、死から命へと「移っている」と約束される。宗教改革者カルヴァンは、この語句に言及し、イエスの十字架の死が神の御許に行くための入り口・通路であると述べている。(7)

父のもとへ帰還する時が近付いていることを悟ったイエスは、「世にいる弟子たちを愛して、この上なく愛し抜かれた」。この「世にいる弟子たち」とは、直訳すると「世にいる自分の民」である。イエスは彼らを深く愛す。εἰς τέλος（「この上なく」）という語には、「最後まで」と「極限まで」という二重の意味が含まれている。これはヨハネの常套手段であり、イエスの愛が時間的・質的にいかに深いものであるかが示される。イエスの十字架は神の愛の極みであるが、これから起こる洗足は、その先取りなのである。

イエスは食事の席から立ち上がり、上着を脱ぎ始める（一三・四）。τίθημι（「脱ぐ」）という語は、一〇章一一、一五、一七節および一八節にも出てくるが、そこでは「捨てる」という意味を持つ。これは、良い羊飼いが羊のために命を「捨てる」という、イエスの十字架による贖罪を指す言葉でもある。それ故に、「上着を脱ぐ」という語句は、洗足の出来事とイエスの死との関係を示唆している。また、イエスは弟子たちの足を洗い終わった後に上着を「着る」（一二節）が、このλαμβάνω（「着る」）という語も一〇章一七節に「（再び）受ける」という訳で登場する。これは復活を意味する言葉である。「わたしは命を、再び受けるために、捨てる。それゆえ、父はわたしを愛してくださる」。

当時の道路は現在のように舗装されたものでなく、履物もサンダルであった。家に着く時、足はほこりや泥で汚れており、主人の足を洗うのは召使のする仕事であった。しかし足を洗うことは、何も奴隷だけがする仕事とは限らなかったようである。当時、妻は夫の足を洗い、子供たちは両親の足を洗った。それと同様に弟子たちは、自分たちのラビ（教師）に個人的な奉仕をするよう期待されていた。例えば列王記下三章一一節には、イスラエル王の家臣が預言者エリシャを紹介するにあたり、「エリヤの手に水を注いでいた、シャファトの子エリシャ」と呼んでいる。エリシャはエリヤの弟子であるが、ここでは「エリヤのもとで学んでいた」ではなく、「エリヤの手に水を注いでいた」と言及されている。このように、弟子が教師に仕えることは、教育を授かる以上に重要なことであった。そう考えてみると、イエスが弟子たちの足を洗ったということが、いかに驚くべきことであったかが理解される。しかもイエスは、弟子たちの足を順番に一人ずつ洗い始めたのである。イエスによる洗足は、十字架という究極的な神の愛の予表である。洗足の出来事は、フィリピの信徒への手紙に記された「キリスト讃歌」（二・六－一一）とテーマが類似している。[8] 両者に共通なのは、神の独り子が人類の救済のためにへりくだり、徹頭徹尾人々を愛されたということである。

一三章六節に記されたシモン・ペトロの言葉は、驚きと抵抗を示している。それはイエスの洗足という行為が、当時の社会的な慣習と真っ向から対立するものだったからである。社会的に地位が上の者は、下の者から奉仕されるのが当然であった。しかしイエスは、上着を脱いで弟子たちの足を洗うことにより、こうした慣習を打破している。かつて洗礼者ヨハネも、イエスが洗礼を受けるために彼のところに来た時、それを思いとどまらせようとして言った。「わたしこそ、あなたから洗礼を受けるべきなのに、あなたが、わたしのところへ来られたのですか」（マタ三・一四）。イエスはすべての人の罪を救うため、すべての人と同じようになるために、敢えて洗礼を受けたのである。全く罪のない「まことの人」が。そしてこの洗足の出来事においても、イエスは互いに愛し合い、仕え合うことを、身をもって示している。この神の子による謙遜の愛の頂点が、イエスの十字架である。

一三章七節に記されたイエスの言葉は、十字架と復活の後に、弟子たちはイエスの行為の意味を深く理解するようになるという予告である。同じことは、宮清め（二・二二）とエルサレム入城（一二・一六）の場面でも予告されている。ペトロは、なぜイエスが死ぬ必要があるのか理解できない（一三・三六－三八を参照）。しかし後に聖霊の導きによって、イエスの行為を理解できるようになる。イエスは言われる。「弁護者、すなわち、父がわたしの名によってお遣わしになる聖霊が、あなたがたにすべてのことを教え、わたしが話したことをことごとく思い起こさせてくださる」（一四・二六）。

一三章八節でペトロは、イエスの愛（洗足／贖罪死）が分からない故に、それを受け入れることを拒否している。οὐ μὴ……（「決して……しないでください」）という語は否定を強調する語であるが、この語はあの「疑うトマス」の発言の中にも出てくる。「あの方の手に釘の跡を見、この指を釘跡に入れてみなければ、……わたしは決して信じない」（二〇・二五）。イエスの復活を信じることができないトマスの、人間的な尺度からすべてを推し量ろうとする傲慢な思いが、ここにも表れている。

また共観福音書の中には、イエスがご自分の死と復活を予告された時、ペトロがイエスを「わきへお連れして、いさめ始めた」（マルコ八・三二）という記事がある。ペトロの中には常に、自分が描くイエス像というものがある。ペトロの拒否は謙遜のように見えて、実は傲慢なのである。彼はイエスを自分の理想像の中に押し込めようとした。しかし本当に大切なことは、イエスの言葉に聴き、素直に招きを受け入れることである。イエスの行為を拒否するペトロについて、カルヴァンは次のように述べる。「その奉仕をこばみながら、かれは、自分の救いのかなめとなるものをこばんでいるのである」(9)。

イエスはペトロに言う。「もしわたしがあなたを洗わないなら、あなたはわたしと何のかかわりもないことになる」（ヨハネ一三・八）。この洗足は、我々に洗礼を想起させる。かつてイエスはニコデモに、「だれでも水と霊とによって生まれなければ、神の国に入ることはできない」と断言した（三・五）。そこでは確かに洗礼について言及されていた。しかし洗足は洗礼ではなく、イエスの十字架による贖罪を指し示している。イエスが一人ひとりの足を洗ったことは、イエスの十字架がすべての人の罪を贖うものであることを示している。

しかし一三章一一節で、イエスは「皆が清いわけではない」と言われる。この言葉は、裏切り者のユダを指すと共に、後の時代に現れた教会からの離脱者を指している。これは第四福音書の二重舞台構造というものであり、生前のイエスの時代の人々と福音書が書かれた当時の人々の姿が重ね合わされているのである。それ故に、教会から離れ去って行く人々が、ユダという一人の人間に象徴されている。ユダも他の弟子たちと同様に、イエスによって足を洗っていただいた者である。しかし彼は、イエスによる謙遜の行為や愛（十字架による贖罪）について深く理解することができなかった。ユダは、その無理解の故にキリストの教会から離れ去って行く者の象徴として描かれているのである。

9　一五章一三節　友のために自分の命を捨てる

第四福音書の一五章一－一七節において、イエスはご自分を「ぶどうの木」に譬えておられる。イエスはあえて、「わたしはまことのぶどうの木」と言われる。枝がまことの幹につながっている時、その枝は葡萄の実を豊かに結ぶ。幹の根は栄養分を吸い込み、その栄養分は枝々に行き渡り、豊かに実を結ぶのである。

一五章一－一七節には、μένω（「つながる」）という語が頻繁に登場する。イエス・キリストを信じ、つながり続ける時、人は神との生きた命の交わりを頂き、実を豊かに結ぶことが出来るのである。そしてイエスを信じる者は枝として、キリストの体である教会につながり続けるのである。

第四福音書が書かれたのは、一世紀の終わり近い紀元九〇年頃であろうと考えられている。その当時、ユダヤ教とキリスト教は、大きな対立の中にあった。一神教であるユダヤ教は、イエスをキリストと告白し、神の子と信じるキリスト教を、神への冒瀆と見なしたのである。そして既成の宗教であるユダヤ教は、当時新興勢力であったキリスト教を迫害した。九章二二節には「ユダヤ人たちは既に、イエスをメシアであると公に言い表す者がいれば、会堂から追放すると決めていた」と記されている。この言葉は、第四福音書が書かれた当時の時代状況を明白に物語っている。そうした迫害の時代の只中にあっても、キリストの体である教会につながり続けよ、留まり続けよと、第四福音書は訴えているのである。ちなみに一五章九、一〇節の「とどまる」という語はギリシア語の μένω であり、「つながる」と同じ語が用いられている。

マタイによる福音書には、五章から七章にかけて、「山上の説教」が記されている。第四福音書では、この一五章がそれに当たるとも言われる。「あなたがたの天の父が完全であられるように、あなたがたも完全なものとなりなさい」（マタ五・四八）というイエスの教えは、「友のために自分の命を捨てること、これ以上に大きな愛はない」（ヨハ一五・一三）と共通しているというのである。イエスご自身が、人類のために十字架につき、命を捨てられた。その贖罪の愛によって生かされる者は、隣人を自分自身のように愛することが出来る、というのである。

そして、隣人を自分のように見なし、互いに愛し合う人のことを、イエスは「友と呼ぶ」と言われる。一五章一五節では、「僕」と「友」が対比して記されている。「僕」とは δοῦλος、すなわち奴隷である。奴隷という存在は主人に対して自由ではない。しかし友は自由なのである。律法や掟にがんじがらめにされるのではなく、自由な意志と喜びをもって、神を敬い、他者を愛するのである。

第四福音書の特徴の一つに、イエスの主導性というものがある。イエスは何事に対しても自ら行動され、それは十字架につくことにおいても同様である。「友のために自分の命を捨てること、これ以上に大きな愛はない」（一五・一三）という言葉にも見られるように、至上の愛は、まさにイエスの受難の時にこそ、明らかにされるのである。

10　ピラトによる尋問（一八・二八－一九・一六ａ）の中に見られる贖罪論

人々はイエスを総督官邸に連れて行くが、彼らは官邸の中に入ろうとしない。時は過越祭の準備の日の朝であったため、人々は異教徒の住居に入って汚れることを望まなかったのである（一八・二八）。使徒言行録一〇章二八節にも記されているように、ユダヤ人が異邦人と交際したり訪問することは律法で禁じられていた。そのようにユダヤ人は、全ての異邦人を汚れた者と見なしていたのである。しかし一八章二八節の記述は非常にアイロニックである。何故ならば、イエスの死を望む一方で、汚れないように細心の注意を払っているからである。R・ブラウンが指摘するように、イエスを総督官邸に連行した人々は、自分たちが汚れることによって過越の小羊を食することができなくなることを恐れたのであるが、彼らは無意識のうちに神の小羊（一・二九）を死に引き渡し、真の過越を可能にしたのである。(10) こうしてイエスだけが官邸の中へ連行され、ピラトから尋問を受けることになる。

一八章三〇－三二節には、この尋問を避けたいとするピラトと、彼を利用してイエスを亡き者にしようと謀るユダヤ人を描こうとする福音書記者の意図が明白に表われている。ピラトはユダヤ人たちに、「あなたたちが引き取って、自分たちの律法に従って裁け」（一八・三一）と言い放つ。ピラトはユダヤの指導者たちがイエスを死刑にしようと望んでいるが、彼らには死刑執行の権限がない故に、自分の所へ来たことを知っていた。つまり一八章三一節の言葉は、ユダヤ人たちに自分たちの無力さを想起させる嘲りの言葉でもあると言うことができる。続く一八章三二節のト書きのような言葉は、イエスを十字架刑によって亡き者にしようとするユダヤの指導者たちの陰謀が、実はイエスが既に予告されたことの成就に過ぎないことを明示している。イエスは一二章三二節において、十字架の死を「地上から上げられる」という言葉で表現している。これは前述した旧約聖書の民数記二一章八–九節に記された内容と深い関わりを持っている。それは荒れ野の道中での出来事である。神とモーセに逆らう不信仰な複数の民が、蛇にかまれて死んでしまう。モーセは神の命令どおり、青銅で蛇を造り、旗竿の先に掲げた。すると蛇にかまれても青銅の蛇を仰いだ者は、命を得ることが出来たと記されている。この予言的なイメージが、ここでは意図されていると言えよう。これに関して、ブラウンの見解は適切である。「ユダヤ人は、全ての民がイエスを信じるようになる（一一・四八）ことを阻止するために、イエスを十字架につけようとする。しかし皮肉にも彼らは、イエスが全ての人をご自分のもとに引き寄せることが可能となるように、彼を地上から上げるのである[11]」。このようにユダヤの指導者たちの陰謀は、図らずも神の救済計画に寄与することになるのである。

　ピラトはイエスを官邸の外に連れ出し、最終的な判決を下すため、裁判の席に着かせた（一九・一三）。特にここではκαθίζωという語の正確な意味を巡り、重要な問題がある。それは裁判の席（βήματος）に着いたのはイエスなのか、それともピラトなのか、という問題である。日本聖書協会発行の口語訳聖書では、裁判の席に着くのはピラトである。しかし同協会発行の新共同訳聖書および聖書協会共同訳では、ピラトがイエスを裁判の席に着かせたというように、他動詞的に解釈されている。καθίζωを自動詞として解釈することも、他動詞として解釈することも、文法的には可能である故に、結論を出すのは難しい。共観福音書の中では唯一マタイのみが裁判の席に言及しているが、そこに座っているのはピラトである（マタイ二七・一九）。しかしW・ミークスが指摘するように、ペトロ福音書やユスティノスの弁明では他動詞的に解釈され、「彼ら（兵士たち）はイエスを裁判の席に着かせ、『公正に裁いてください、イスラエルの王よ！』と言った」と記されている。[12] 確かに五章二七節でもイエスは、父なる神が「裁きを行う権能を子にお与えになった。子は人の子だからである」と宣言している。こうしてみると、ここでの καθίζω については、他動詞として解釈するのが相応しいように思われる。もしもそうであるならば、ピラトは無意識のうちにイエスを真の裁き主と宣言したことになり、ここにアイロニーを見出すことができる。

また、ピラトがイエスを裁判の席に着かせた日時も注目に値する。「それは過越祭の準備の日の、正午ごろであった」と記されている（一九・一四）。共観福音書の記述（マルコ一五・四二、マタイ二七・六二、ルカ二三・五四）と比べると、第四福音書だけが「過越祭の（τοῦ πάσχα）」準備の日と記している。

「神の小羊」であるイエスの死刑を宣告する裁判が、過越の小羊が神殿で屠られるのと同じ時刻に始まるというのもまた、大いなるアイロニーである。「見よ、世の罪を取り除く神の小羊だ」という洗礼者ヨハネによる預言（一・二九）は、今まさに実現するのである。このように第四福音書記者は、日付と時間を記すことによって、イエスこそ真の過越の小羊であることを主張したと考えられる。

ピラトはユダヤ人たちにイエスを指して、「見よ、あなたたちの王だ」と告げる（一九・一四）。この宣言は先の「見よ、この男だ」（一九・五）を反復しており、イエスに対する嘲りではなく、むしろ嘲りはユダヤ人たちに向けられている。驚くべきことに、祭司長たちはこの宣言に対し、「わたしたちには、皇帝のほかに王はありません」と返答している（一九・一五）。ミークスが指摘するように、「ユダヤ人の王」であるイエスを拒絶することにより、ユダヤ人たちは特別な神の民「イスラエル」であることを放棄し、皇帝に従属する単なる一つの異邦人（ἔθνη）となったのである。[13] 換言すれば、選民であることを放棄し、ローマ帝国の属国であることを認めたのである。

一一章四七－四八節には、ローマ人が来て神殿や国民を滅ぼしてしまうのではないかという、祭司長たちの不安が記されていた。イエスをメシアと信じる者たちがイエスを擁立して王とし、ローマに対して反乱を起こすかもしれない。するとローマは軍隊を派遣し、イスラエルは滅ぼされてしまうのではないか、という危惧である。そうした不安や恐れを抱いた祭司長たちが、ローマの皇帝への忠誠を誓ったのである。この点においても第四福音書記者は、受難物語を実に入念に練り上げていると言えよう。ピラトは最終的に妥協して、イエスを十字架につけるためユダヤ人たちに引き渡してしまうのである。

11　ゴルゴタの丘における贖罪論（一九・一六b－二七）

この箇所を共観福音書と比べた場合、明らかな特徴が示される。それは、イエスが自分で十字架を最後まで背負って歩く点である（一九・一七）。第四福音書には、イエスに代わって十字架を担ぐキレネ人シモン（マコ一五・二一、マタ二七・三二、ルカ二三・二六）は登場しない。ここにもイエスの主導性という第四福音書特有の神学が表れていると言えよう。イエスは一〇章一八節でも次のように言われた。「だれもわたしから命を奪い取ることはできない。わたしは自分でそれを捨てる。わたしは命を捨てることもでき、それを再び受けることもできる。これは、わたしが父から受けた掟である」。この言葉からも明らかなように、イエスは徹頭徹尾主導性を貫くのである。フィロンを始めとする古代の思想家たちはここに、創世記に記されたアブラハムの子イサクの犠牲との関連を見出す[14]。創世記二二章六節には、イサクが犠牲となるための薪を自ら背負ったことが記されている。イエスが自ら十字架を背負って歩くことの予型をここに見ることも出来るが、第四福音書記者がそのことを意識してこの場面を描いたか否かを決定することは難しい。少なくとも言えることは、第四福音書記者がイエスの主導性を最後まで強調しようと意図したことである。ちなみにC・K・バレットは、ここに仮現論との闘いを見出し、第四福音書記者はキレネ人シモンがイエスの代わりに十字架につけられたというドケティスト（仮現論者）たちの見解を退けるために、イエスが自ら十字架を背負って歩いたことを明記したのではないかと述べている[15]。

ルカによる福音書一四章二七節で、イエスは自分に従って来る群集に対し、弟子の条件として次のように述べている。「自分の十字架を背負ってついて来る者でなければ、だれであれ、わたしの弟子ではありえない」。この言葉を加味すると、イエスが自ら十字架を担ぐ姿の中に、弟子の模範的な姿を意図したとも考えられる。また第四福音書の一七章一九節では、イエスは自分を犠牲のいけにえと見なしている。「彼らのために、わたしは自分自身をささげます。彼らも、真理によってささげられた者となるためです」。このようにイエスは贖罪の業を完成するために主導性を貫くのである。

ゴルゴタの丘では、イエスを真ん中にして、その右と左には犯罪人が磔にされる。これはイザヤ書五三章一二節の「罪人のひとりに数えられた」という記述を想起させる。世の罪を取り除くイエスは、出エジプト記一二章に記された過越の小羊であると共に、罪人の一人として数えられることにより、イザヤ書五三章に記された「苦難の僕の歌」を成就するのである。

　しかし第四福音書の強調点はそれ以外の点にもあると言えよう。共観福音書では、「一人は右にもう一人は左に、十字架につけた」（マコ一五・二七、マタ二七・三八、ルカ二三・三三）となっているが、第四福音書では「イエスを真ん中にして（μέσον δὲ τὸν Ἰησοῦν）両側に、十字架につけた」と記されている。ここにもイエスの中心性、換言すれば主導性が強調されているように思われる。記述に微妙な相違があるが、イエスと共に十字架につけられた二人の者を、マルコとマタイでは「強盗（λῃστής）」とし、ルカでは「犯罪人（κακοῦργος）」と記している。しかし第四福音書では単に「ほかの二人」とのみ記しているだけであり、この人々についての説明は何も記されていない。第四福音書記者がここで意図していることは、十字架刑を王の即位式として描くことであり、共に十字架につけられる人々は、王の従者としての役割を担う者とされるという、一種のアイロニーをここに見出す学者もいるが[16]、興味深い見解である。ともあれ、第四福音書記者はこの後一九章三二節でも、この二人の者たちに再度言及する。しかしそれは、彼らの足が折られるのに対して、イエスの足は折られなかったことを強調するためである。過越祭で食されるいけにえの羊の骨を折ってはならないという民数記九章一二節に記された掟が、イエスにおいて実現することを、第四福音書記者は強調しているのである。イエスこそ世の罪を取り除く神の小羊であるという神学は、一貫してこの福音書の根底を流れているのである。

一九章二三－二四節には、籤引きについての記述がある。イエスを十字架につけた後、兵士たちは彼の衣服を剝ぎ取って四つに分け、四人で一つずつ自分のものとした（一九・二三）。当時のローマの習慣では、兵士が囚人の衣服を自分のものとするのは職務上の特権であった[17]。しかし下着（χιτών）については分けないことに決めた。何故ならその下着は縫い目がなく、上から下まで一枚織りだったからである。共観福音書の記事と比較すると、第四福音書だけがイエスの下着について詳細な報告をしている。この一枚織りの下着は、大祭司が身に着ける聖なる祭服を想起させる。つまり第四福音書記者はイエスの下着についての詳細な報告を通して、イエスこそ真の大祭司であると主張していると考えられる[18]。

「下着」とも訳せるχιτώνという語は、前述したように大祭司が身にまとう物であり、七十人訳聖書（LXX）の出エジプト記二八章四節とレビ記一六章四節に登場する。だがそれらの記述には、「縫い目のない一枚織り」という表現は出てこない。しかし歴史家であるヨセフスの記述によれば、大祭司が身に着けるχιτώνは二枚織りではなく、一枚織りの長い衣服である[19]。よって第四福音書記者はχιτώνに言及することにより、イエスは真の王であると共に真の大祭司でもあることをほのめかしていると考えることも出来よう。しかしリンダースやバレットといった学者たちによれば、χιτώνは大祭司の祭服を暗示するものではないという[20]。彼らの見解によると、一枚織りのχιτώνについての言及は、兵士たちが籤引きで分け合った理由を説明する以外の何物でもないというのである。

筆者の見解では、第四福音書記者はχιτώνについての記述によって、一一章五二節に記されたカイアファの預言に関する説明（「国民のためばかりでなく、散らされている神の子たちを一つに集めるためにも死ぬ、と言ったのである」）を読者たちが想起することを期待していると思われる。「縫い目のない一枚織り」という句は、イエスの死によって一つに集められる群れ、すなわち信仰共同体である教会を暗示していると考えられる。また、「縫い目のない一枚織り」というこの句は、イエスの弟子たちが一つであることをも象徴していると思われる。一七章二一節には次のように記されている。「父よ、あなたがわたしの内におられ、わたしがあなたの内にいるように、すべての人を一つにしてくださ い」。

兵士たちは一枚織りの下着を見て、それを裂かずに籤引きを行い、誰のものになるかを決めようと話し合う（一九・二四）。レビ記二一章一〇節には次のように記されている。「同僚の祭司たちの上位に立ち、聖別の油を頭に注がれ、祭司の職に任ぜられ、そのための祭服を着る身となった者は、髪をほどいたり、衣服を裂いたりしてはならない」。なるほど、ここでは祭司が自分の祭服を裂くことが禁じられている。この禁令を考慮に入れると、兵士たちがイエスの下着を裂かなかったことは、イエスの祭司性を強調し明確にするという、アイロニックな響きを持つことになる。この場面ではまた、「わたしの着物を分け／衣を取ろうとしてくじを引く」という詩編二二編一九節の言葉を第四福音書だけが引用している。つまり兵士たちは、無意識のうちに旧約聖書の言葉を実現させたことになる。興味深いことに、イエスが十字架につけられて以降の場面について共観福音書と第四福音書を比べると、旧約聖書の成就という概念が第四福音書では繰り返し出てくる（一九・二四、二八、三六、三七）。「聖書の言葉が実現するためであった（ἵνα ἡ γραφὴ πληρωθῇ）」というのはマタイによる福音書の常套句である。しかし興味深いことに、マタイの受難物語にはイエスのエルサレム入城以降、この定型句はマタイ二六章五六節を除き、ほとんど出てこなくなる。反対に第四福音書の受難物語では、この定型句が頻繁に登場するのである。このことはつまり、第四福音書における一連の受難の出来事は、旧約聖書の成就として理解されているということに他ならないのである。

しかし第四福音書におけるこの箇所には、悲しみという感覚は全く無いと言えよう。福音書記者の関心は唯一、旧約聖書の言葉が成就したという点のみにある。十字架刑によるイエスの死によって聖書の言葉が実現するという記述は、一九章二四、二八、三六、三七節にも見受けられる。イエスの十字架によって父なる神の計画は遂行されるということこそ、第四福音書記者が主張しようとしたことなのである。

旧約聖書からの数々の引用は、第四福音書の読者が聖書に関する知識をかなり持っていたことを示していると言えよう。カルペッパーは次のように述べる。「『聖書が成就されるためであった』という定型句……や、度重なる旧約聖書の引用と暗示が意味していることは、聖書の成就によって、福音書記者の解釈する出来事の真実性が読者に立証されるということである(21)」。第四福音書記者は彼の証が真実であること（一九・三五）を、旧約聖書からの引用を用いることによって強調しようとしているのである。彼はまた、旧約聖書がメシアとして指し示しているのはイエスであることを明らかに強調している。

第四福音書記者はまた、「ぶどう酒をいっぱい含ませた海綿」についても言及する（一九・二九）。第四福音書記者のみが、イエスはそのぶどう酒を受けたと記している（一九・三〇ａ）。共観福音書によれば、酸いぶどう酒を含ませたこの海綿は、葦の棒に付けられていた（マルコ一五・三六、マタイ二七・四八)。しかし第四福音書では、海綿はヒソプに付けられている(一九・二九)。旧約聖書の出エジプト記一二章二二節には、過越の際にイスラエルの民はヒソプを犠牲の小羊の血に浸し、それぞれの家の鴨居と入り口の柱に塗ったことが記されている。つまり第四福音書記者は、イエスが息を引き取ろうとする直前の場面にヒソプの記事を記すことにより、イエスこそ新しい真の過越の小羊であることを強調したと言えよう。

12　一九章三〇節「成し遂げられた」――十字架の死による救いの御業の完成

イエスが息を引き取る場面について、第四福音書は共観福音書と大きな相違を見せている。マタイ福音書およびマルコ福音書において、イエスは「わが神、わが神、なぜわたしをお見捨てになったのですか」と大きな声で叫ぶ(マタイ二七・四六、マルコ一五・三四)。しかし第四福音書におけるイエスはここでも徹底して能動的であり、「成し遂げられた(τετέλεσται)」と言うのである(一九・三〇)。父なる神から与えられた業を、イエスは今や成し遂げたのである。この「業」について、第四福音書の他の箇所では次のように記されている。「イエスは言われた。『わたしの食べ物とは、わたしをお遣わしになった方の御心を行い、その業を成し遂げることである』」(四・三四)。「わたしは、行うようにとあなたが与えてくださった業を成し遂げて、地上であなたの栄光を現しました」(一七・四)。このように、父なる神から委ねられた業は今や、現実の出来事となるのである。「成し遂げられた(τετέλεσται)」という言葉についてブラウンは、「これはマルコとマタイに登場する明らかな敗北の叫びに取って代わる勝利の叫びである」と述べる。[22] 第四福音書記者は τετέλεσται という語を用いることにより、イエスは父なる神から与えられた業を勝利のうちに実現したことを強調する。イエスは十字架の上で、贖罪の業を完成されたのである。

13　一九章三三節　その足は折らなかった

一九章三一節に記された日付（「その日は準備の日で、翌日は特別の安息日であった」）も重要である。翌日の安息日はニサンの月一五日で、過越祭の初日でもある聖なる日だからである。この「特別（μεγάλη）の安息日」は七年に一度訪れる、過越祭と安息日が重なる日である。第四福音書記者はこの日付を記すことにより、イエスは過越の小羊として栄光のうちに死に、それによって新しい時が始まったことを強調していると思われる。ちなみにC・K・バレットは、この「特別の」という語に関して興味深い見解を述べている。それは共観福音書と同様に、もしもこの安息日がニサンの月一六日であったとしても、レビ記二三章一一節によると、収穫した穀物の初穂を捧げる日であり、μεγάλη「特別な」という語はさらに相応しいものとなるのである。[23] さらにすぐ後のレビ記二三章一二節を読むと、この日には、初穂を差し出す際、無傷な一歳の雄羊を焼き尽くす献げ物として主に捧げることが決まっている。いずれにせよ、安息日が過越祭中の日であればより重要な日となり、過越が安息日に当たれば例外的な大祭日となる。つまり、第四福音書記者は「特別の安息日」という語を付加することにより、イエスは過越の羊として栄光の中に死を遂げたことに、より一層深い意義を持たせたと考えられる。

さて、ユダヤ人たちはイエスの遺体を取り降ろすよう、ピラトに願い出る（一九・三一）。そこには、十字架の上に掛けられた「ナザレのイエス、ユダヤ人の王」という罪状書き（一九・一九）を即刻取り外したいという思いもあったと考えられる。ローマの通常の習慣では、遺体は見せしめとして十字架上に放置されたままであった。しかしフィロンによると、特に祭りの時には遺体は取り降ろされ、身内の者たちに受け渡されたという。[24]いずれにせよ、ユダヤ人たちがイエスの遺体を取り降ろしてほしいと願ったのは、申命記二一章二三節に次のように記されているからである。「死体を木にかけたまま夜を過ごすことなく、必ずその日のうちに埋めねばならない。木にかけられた者は、神に呪われたものだからである。あなたは、あなたの神、主が嗣業として与えられる土地を汚してはならない」。つまり、汚れないために、十字架にかけられた遺体はその日のうちに片付けるべきであるというのである。イエスをピラトに引き渡す時も、ユダヤ教の指導者たちの関心事は、祭儀的な清浄を保つことであった（一八・二八）。前述したように、彼らは無意識のうちに神の小羊であるイエスを死に引き渡すのであるが、これによって真の過越が可能になるというアイロニーが根底を流れていると言えよう。

ユダヤ人たちはイエスの遺体を取り降ろす際、その足を折るよう、ピラトに願い出ている。この「足を折る」という残酷な刑罰は crurifragium と呼ばれるもので、[25]残虐な刑罰に思えるが、死を早めることによって苦しみから解放するという慈悲深いものでもあった。しかしイエスは既に死んでいたため、兵士たちはその足を折らなかった（一九・三三）。この出来事は、イエスこそ過越の小羊であるというテーマがここにも反響しているということである。出エジプト記一二章四六節には、次のような規定が記されている。「一匹の羊は一軒の家で食べ、肉の一部でも家から持ち出してはならない。また、その骨を折ってはならない」。このようにイエスの死は今や、ユダヤ教の過越に取って代わる新しい過越として位置づけられたと言えよう。また、詩編三四編二一節には、神に従う人について、「骨の一本も損なわれることのないように／彼を守ってくださる」と記されている。第四福音書記者はここでも、旧約聖書の言葉がイエスの死において実現したことを強調していると言えよう。

14　一九章三四節　イエスの脇腹から流れ出る血と水

兵士たちはイエスの足を折らなかった。その代わりに、イエスのわき腹を槍で突き刺す。すると、そのわき腹から血と水が流れ出たと記されている（一九・三四）。第四福音書記者はこの記述を通して、イエスは本当に死なれたという証拠を与えようと意図していると共に、イエスの人性を強調しようとしていると考えられる[26]。またこの記述によって、プロローグに記されていること、すなわち、言であるキリストが受肉し、人間の間に宿られたこと（一・一四）を読者に再び想起させようと意図しているとも思われる。第四福音書記者は、言であるキリストが私たちと同じ人間としてこの世に生まれ、死なれたことを強調していると考えられる。

一九章三七節もまた、旧約聖書のゼカリヤ書一二章一〇節からの引用であり、そこには次のように記されている。「彼らは、彼ら自らが刺し貫いた者であるわたしを見つめ、独り子を失ったように嘆き、初子の死を悲しむように悲しむ」。これは神によって選ばれた民、すなわち選民でありながら、メシアを殺した者たちに対する厳しい糾弾の言葉である。しかしこの箇所では、ヨハネの黙示録一章七節と同様に、救済の預言として引用されているのである。

一九章三四b節の「血と水とが流れ出た」という記述には、豊かな意味が含まれている。第四福音書には、イエスを信じる者たちに、血と水は命を与えることが記されている（三・五、四・一四、六・五三－五六、七・三八、一三・五－一〇）。血と水はまた、イエスこそ過越の小羊であることを示している。J・M・フォードによれば、この「血と水」という語は、ユダヤ教の口伝律法を結集したミシュナの中のオホロート三・五、フリーン二・六、およびペサヒーム五・五、八に見受けられるラビ的概念に影響を受けているという。[27] 例えばミシュナのペサヒーム五・一には、犠牲の動物は過越祭の前日に屠られることが記されている。[28] 祭司は犠牲獣の血を祭壇の上に一気に注ぐが、その血は「混じり合った血」と定義されている（ペサヒーム五・八）。[29] それが過越の小羊の「混じり合った血」であり、この血は我々をあらゆる罪から清めるのである（Ⅰヨハネ一・七）。「ヒソプ」（一九・二九）と「砕かれない骨」（一九・三三、三六）および「混じり合った血」（一九・三四）、これら三つの事柄により、第四福音書記者がイエスを過越の小羊として描こうと意図していることは明らかである。以上のように、この場面は福音書記者によって非常に巧妙に描かれていると言えよう。

また、イエスのわき腹から流れ出る血と水は、聖餐と洗礼を象徴していると考えられる。先にイエスは七章三八節で、「わたしを信じる者は、聖書に書いてあるとおり、その人の内から生きた水が川となって流れ出るようになる」と宣言している。「その人の内から」は ἐκ τῆς κοιλίας αὐτοῦ であり、κοιλία は「腹」を意味する語である。これは「血と水」がイエスの「わき腹（πλευρά）」から流れ出たという一九章三四節の言葉とつながりを持つと言えよう。

さらに血と水は、ヨハネの手紙一の五章六－八節に記された、次の言葉を想起させる。「この方は、水と血を通って来られた方、イエス・キリストです。水だけではなく、水と血とによって来られたのです。そして、〝霊〟はこのことを証しする方です。〝霊〟は真理だからです。証しするのは三者で、〝霊〟と水と血です。この三者は一致しています」。リンダースはヨハネの手紙一の五章六－八節に記されたこの言葉は、ヨハネによる福音書一九章三四節の言葉に鼓舞して書かれたものであると見なしている(30)。

一方、ブルトマンはヨハネによる福音書一九章三四b節と三五節を教会的編集者による付加であると見なし、この教会的編集者は三章五節と六章五二b－五八節も付加した人物であると主張している(31)。三章五節には次のように記されている。「イエスはお答えになった。『はっきり言っておく。だれでも水と霊とによって生まれなければ、神の国に入ることはできない』」。しかしこれらの記事が第四福音書記者によるものか、或いは教会的編集者によるものかを判別することは困難である。いずれにせよ、洗礼と聖餐は、「水と血」という言葉により、イエスの十字架に基づくものであることが強調されているのである。イエスの死は命を与えるものであるという救済と結び合わされており、洗礼と聖餐は、イエスの死に起源を持つということが強調されているのである。

15　二〇章二三節　イエスの十字架による贖罪に基づく赦罪の権威

二〇章の前半である一－一八節には、復活されたイエスが、マグダラのマリアに現れたことが記されていた。週の初めの日、すなわち日曜日の朝にマリアに現れた復活の主は、同じ日の夕方、今度は弟子たちの前に姿を現されたのである（二〇・一九－二三）。

弟子たちはユダヤ人を恐れていた。「自分たちのいる家の戸に鍵をかけていた」（二〇・一九）という言葉から、弟子たちがどれほどユダヤ人を恐れていたかが窺える。家の中のすべての戸に、鍵が厳重に掛けられていた。しかしどれほど厳重な鍵であろうとも、復活のイエスを遮断することはできなかった。人間を遮断することはできても、神の力を遮断することはできないのである。イースターの朝、大きな石で墓穴が塞がれていたにもかかわらず、復活の主はそこから出て来られた。それと同じように、しっかりと家の戸に鍵を掛けたにもかかわらず、イエスは、まったく自由に、家の中に入って来られたのである。そして言われた、「あなたがたに平和があるように」。そしてイエスは、ご自分が十字架につけられ、殺された当人であることを証明するかのように、手とわき腹とをお見せになった。それを見て、弟子たちは非常に喜んだ（二〇・二〇）。

復活の主イエスは、弟子たちに息を吹きかけ、「聖霊を受けなさい」と言われた（二〇・二二）。創世記二章七節には、神が人間を創造された時、「その鼻に命の息を吹き入れられた。人はこうして生きる者となった」と記されている。つまり聖霊を受けるとは、復活の主イエスの命を受けることを意味している。復活されたイエスによって、新しく創造されるということである。それは新しい信仰共同体としての教会の誕生を意味する。これはペンテコステを先取りする出来事であり、その根本は罪の赦しである。イエスを見捨てて逃げてしまった弟子たち。そのような弟子たちの前にイエスは再び現れてくださり、彼らの罪を赦してくださった。ここにもイエスの十字架の死による罪の贖いが根底にある。そして今や、罪を赦す権威を、イエスは弟子たちに委ねられたのである。

松永希久夫が指摘するように、第四福音書の記述が共観福音書と異なる点は、赦罪の権威が生前のイエスから与えられる（マタ一六・一九）のではなく、復活されたイエスによって与えられる（ヨハ二〇・二三）点である。また、ペトロ個人に与えられるのではなく、弟子たちの共同体に与えられている点である。プロテスタントの教会観は、ここに重要な典拠を持つと松永が述べているのは興味深い。(32)

聖霊を受けた弟子たちは、イエスの復活の証人として、この世に派遣され、初代教会を築いた。彼らはイエスの十字架による贖罪に基づく赦罪の権威を携えて、伝道の業に尽力したのである。

おわりに

以上、本稿では第四福音書の贖罪論について触れていると思われる箇所を検討した。ブルトマン学派の間では、贖罪論は第四福音書の中に位置を与えられないが、(33)「神の小羊」は明確に贖罪論的モティーフを持っているということが、本稿を通しても裏打ちされたと言えるのではないか。イエスこそ、屠られる過越の小羊。イエスこそ、人間の罪を一身に背負い、執り成してくださる贖い主。第四福音書には一貫して、こうした贖罪信仰が根底を流れているのである。

注

（1）山岡健は一・三四で「神の子」の代わりに西方型の一部の写本では「神の選び人」という読み方が採られている点に着目し、一章には①「神の小羊」、②「神の選び人」、③「ラビ」、④「メシア」、⑤「神の子」、⑥「イスラエルの王」、⑦「人の子」といったように、7つの称号が記されていることを指摘する。そして7という数字はセム的思考における完全数であることを指摘している。山岡健「神の小羊――ヨハネによる福音書一・二九－三四注解」『キリスト教と文化』(12)、一九九七年、六二頁。

（2）松永希久夫、山岡健著「ヨハネによる福音書」『新共同訳　新約聖書注解Ⅰ』日本基督教団出版局、一九九一年、四九六頁。

（3）荒井献、H・J・マルクス監修『ギリシア語新約聖書釈義辞典Ⅲ』教文館、一九九五年、四一六頁。

（4）松永希久夫著『ヨハネ福音書新解一　ひとり子なる神イエス』ヨルダン社、一九八七年、二一八頁。

（5）詳細については、J・L・マーティン著、『ヨハネ福音書の歴史と神学』（原義雄・川島貞雄訳）、日本基督教団出版局、一九八四年を参照せよ。

（6）松永、山岡著、前掲書、四九〇頁。

（7）カルヴァン新約聖書註解Ⅳ『ヨハネ福音書　下』山本功訳、新教出版社、一九六五年、四三七頁。

（8）G. R. Beaseley–Murray, *John*, (Dallas: Word Books, 1987), p. 239.

（9）カルヴァン著、前掲書、四三九頁。

（10）R. E. Brown, *The Gospel According to John* II. (New York: Doubleday, 1966), p. 866.

（11）*Ibid.*, p. 867.

（12）Wayne A. Meeks, *The Prophet－King: Moses Traditions and the Johannine Christology.*（NovTSup 14., Leiden: Brill, 1967）, p. 73.

（13）*Ibid.*, p. 76. 尚、Ｅ・シュタウファーはこれを祝祭の神の都の真ん中で、神の民の祭司長によってなされたローマに対する忠誠の大宣言であり、皇帝礼拝に他ならないと厳しい批評を加えている。Ｅ・シュタウファー著『イエス――その人と歴史』（高柳伊三郎訳）、日本基督教団出版部、一九六二年、一八五頁。

（14）Philo, *On Abraham.* 171－172., Marianne Meye Thompson, *John: A Commentary.*, Louisville, Kentucky: Westminster John Knox Press, 2015, p. 397.

（15）C. K. Barrett, *The Gospel According to St. John.* 2d ed.（Philadelphia: The Westminster Press, 1978）, p. 548.

（16）Donald Senior, C. P., *The Passion of Jesus in the Gospel of John.*（Collegeville: The Liturgical Press, 1991）, p. 103.

（17）Digest（Libri Pandectarum）XLVIII, XX, 6., Barrett, *op. cit.*, p. 550., および Brown, *op. cit.*, p. 902.

（18）Brown, *op.cit.*, p. 920.

（19）F. Josephus, *The Antiquities of the Jews,*（trans. W. Whiston; Peabody, MA: Hendrick son, 1987）; Book 3, chapter 7, #161.

（20）Barnabas Lindars, *The Gospel of John*（Grand Rapids: Eerdmans, 1972）, p. 578, Barrett, *op.cit.*, p. 550.

（21）Ｒ・Ａ・カルペッパー著、『ヨハネ福音書文学的解剖』（伊東寿泰訳）、日本基督教団出版局、二〇〇五年、三一一頁。

（22）Brown, *op.cit.*, p. 930.

（23）Barrett, *op.cit.*, p. 555.

（24）Philo, *In Flaccum* X; #83., Brown, *op.cit.*, p. 934.

（25）*Ibid.*, p. 934.

(26) Barrett, *op.cit.*, p. 556.
(27) J. M. Ford, "'Mingled Blood' from the Side of Christ (John X IX. 34)", *NTS* 15 (1968/1969), p. 337–338.
(28)『ミシュナ　ペサヒーム』石川耕一郎訳、エルサレム宗教文化研究所、一九八七年、三六頁。
(29) 前掲書、四二頁。
(30) B. Lindars, *The Gospel of John*. New Century Bible Commentary., Grand Rapids: Eerdmans, 1972., pp. 588–589.
(31) R. Bultmann, *The Gospel of John* (Trans. and ed. George R. Beasley-Murray, Philadelphia: The Westminster Press, 1971), p. 678.
(32) 松永・山岡著、前掲書、五三四頁。
(33) 松永希久夫著、「神の小羊――第四福音書の贖罪論的モティーフについての予備的考察」『松永希久夫著作集　第2巻　ヨハネの世界』一麦出版社、二〇一一年、一二九頁。

尚、伊東寿泰は第四福音書が贖罪論についてどのように語っているかを、文学的方法、特にスピーチアクト方法を用いて精密に分析し、第四福音書は「初めから終わりまで贖罪信仰について豊かに語っていて、それはこの福音書の中心的な思想・神学の一つなのである」と結論を述べている。伊東寿泰著、「ヨハネ福音書における贖罪信仰――文学的方法による分析」『聖書学論集45』日本聖書学研究所、二〇一三年、一七六頁。

第三章　ルターの十字架の神学の今日的意義

H・-M・バルト

はじめに

「十字架の神学」はルターの神学におけるいわばシンボルマークである。[1] イエス・キリストの十字架は彼の神学の本質である。それは十字架の中にその基準と確証を見いだす。今日では、このテーマについて多くの疑問がある。私たちが置かれている、世界的コミュニケーションシステムと深刻な政治的、および経済的緊迫感によって定義づけられるグローバル化した世界において、それは通用するのであろうか。

十字架のシンボルはさまざまな状況において見られる。それは装飾として、またロゴとして活用されている。しかしヨーロッパでは特に、それはもはや何かを「語る」ものではなくなっている。東ドイツ（旧ドイツ民主共和国）のある男の子は、教会の塔の上につけられた「プラスの印」は何かと母親に聞いたそうだ。私の故郷である南ドイツでは、いわゆる「山頂の十字架」が破壊されているが、それが何者によってなぜ破壊されたのかを知る者はいない。ヨーロッパにおける十字架は、無意味なものとして、あるいは受け入れがたいものとして位置づけられているように思われる。神学的な議論においては、「十字架の神学」は空虚な定式として受け止められていることがほとんどである。それによって残酷な処刑が思い起こされることはない。それゆえ、あるドイツ人神学者は「十字架」について語ることをやめ、キリスト・イエスの処刑について語るべきであると提案した(2)。

十字架は、特に資本主義の社会においては個人の感情や願いに反するものである。私たちは、困難を避けようと努力し、自分自身で自分を見いだしたいと願う。自分の個人生活や社会的、また政治的問題について自分自身で解決できると確信している。その一方、未だに多くの人々が社会から取り残され、生計を立てることができないでいる。そのような人々に対してイエスの処刑はどうしたら助けになるのであろうか。このことに加えて、十字架は濫用されて来た。十字架は、人々を沈黙させ、反抗させないための手段として用いられて来た。それが、ラテンアメリカにおいて何世紀にもわたって十字架が果たした役割である。

伝統的な神学において、十字架は犠牲の概念と組み合わされている。この概念の発端は、異教の儀式における償いや清めに遡る。それは、キリストの死を解釈するために良いもの、あるいは必要なことなのであろうか。新約聖書の中のある部分はこのことを確証しているようだが、二一世紀に生きる私たちにとってそのような時代を結ぶ想像力や概念は本当に必要なのだろうか。フェミニスト神学者たちは特にこのことに疑問を持っている。ヨーロッパや英語圏の世界の女性たちは、自己決定と活動よりも受身的な苦しみを道徳と考えさせる十字架の神学に対して抗議している。

十字架は優越性や勝利の印として濫用されることもある。中世の十字軍では、十字架はキリスト教の軍隊の印であった。今日のソウルの街を歩いて目にする十字架も、元の勝利主義的な意味で用いられているように思われる。そして最後に、非キリスト教的宗教の信仰者たちには私たちの十字架に対する熱意は理解しがたいことである。仏教徒にとって十字架は全く異質のものであり、イスラム教徒やユダヤ教徒にとっては余計なもの、あるいはつまずきである。

ルターの十字架の神学にある意義を見いだすためには、（1）まずその起源を見て、（2）その上でその理論を細かく説明し、（3）最後に今日の世界におけるその意義を評価しなければならない。

1　起源

ルターは一五一八年四月、ハイデルベルク討論の文脈の中で“theologia crucis（十字架の神学）”という概念を作った[3]。ここでルターは、「十字架の神学」と「栄光の神学」を対比した。また一五一九－一五二一年の詩編講義と、その後のマニフィカトの解釈においてその理解を深めた。後に「十字架の神学」という表現がそれ以上はっきりと表されることはなかったが、それは死に至るまでルターの神学的考察を形づくっている。それはルターのキリスト論の基盤であり、ゆえに、ルターの義認のメッセージの基盤ともなったのである。ルターの神学の全体は、いわば十字架につけられたキリストの血によって色づけられているのである。このことが、今日ではこのようなタイプの神学があまり好まれない理由の一つである。

A　聖書的アプローチ

十字架の神学の聖書的背景は、福音書に記されているキリストの磔刑物語を除いては聖パウロによる二箇所と旧約聖書の一箇所である。コリントの信徒への手紙一一章一八節には次のように記されている。「十字架の言葉は、滅んでいく者にとっては愚かなものですが、わたしたち救われる者には神の力です。(……)わたしは知恵ある者の知恵を滅ぼし、賢い者の賢さを意味のないものにする。(……)神は世の知恵を愚かなものにされたではないか。(……)神は、宣教という愚かな手段によって信じる者を救おうと、お考えになったのです。(……)神の愚かさは人よりも賢く、神の弱さは人よりも強いからです」。

聖パウロは、十字架の言葉、もしくは十字架を宣べ伝えることについて語る。十字架は「滅んでいく人々」にとっては「愚か」であるが、「わたしたち救われる者には神の力です」と語っている。神がこの方法を選ばれたのは、この世が神を創造主として認めなかったからである。ユダヤ人はしるしを求め、ギリシア人は知恵を探す。しかし、今や十字架につけられたキリストは神の力、神の知恵である。

この箇所は、ローマの信徒への手紙一章一八－二三節に準拠して解釈できる。「神について知りうる事柄は、彼らにも明らかだからです」。しかし、彼らは「神の真理を偽りに替え」、「自分では知恵があると吹聴しながら愚かにな」った。

旧約聖書において、モーセは神ご自身の顔を見る許可を求めたと書かれている。彼はその答えを受け取った(出三三・一八－二三)。「あなたはわたしの顔を見ることはできない。(……)あなたはわたしの後ろを見るが、わたしの顔は見えない」。

　ヴルガタ訳では、二つの概念が使われているが、この二つの概念はルターによって“Gloria（栄光）”――あなたの栄光をお示しください――、そして、あなたはわたしの後ろ“posterioara mea”を見ることができる、として理解された。

　ルターは根本主義者として聖書の一箇所を孤立させて論じているのでも、これらの三つの箇所を混合しているのでもない。むしろ、これら三つの箇所はルターにとって、神の十字架の神学、神のへりくだりの神学を大まかに示すうえでの刺激となったのである。イエスの十字架と神の「後ろ」とは人類にとっての挑戦である。しかしそれは、人類を救う挑戦なのである。

B　基本的な宣言

　ルターの十字架の神学の基本的な宣言はハイデルベルグ討論の論題19から24、そして28の内に最も良く説明されている。ルターは、適切な神学とは何かを論じている。ルターは互いに矛盾する二つの神学を対比する。誤謬の側の神学者は、「神の見えない事柄について、それが実際に起こった出来事の内に明らかに知覚できるかのように考え」、単に現象を分析し、そこから超越的な神についての結論を導き出す（ロマ一・二〇）。創造の業を見ることを通じて神に関する知識に達しうる者が「神学者」と言われるのではない。そのような者はむしろ、ローマの信徒への手紙一章に記されている「愚かな」者である。被造物の現象を分析することや理性を用いることを通じて神に関する知識に至る道は閉ざされている。目に見える事柄から出発して、目に見えない事柄について結論を得ることは不可能である。神は、キリストによって別の方法を選ばれたのである。しかし、神学の適切な方法とは、「苦難と十字架を通して目にすることのできる、神について現された事柄」を理解することである（論題19以下）。適切な神学とは、苦難と十字架によって神を知ることである。真の神学は、神の受難とへりくだりの内に神を見いださなければならない。神についての真の知識はキリストを通して得られる。その他の方法によって知識を得ようとする者を、ルターは"theologus gloriae（栄光の神学者）"つまり、勝利主義的神学者と呼ぶ。このことは改革者ルターを、「悪を善と呼び、善を悪と呼ぶ」「栄光の神学者」と、「物事をありのままに呼ぶ」「十字架の神学者」の対比へと導く（論題21）。苦難と十字架を通して、彼は発見する。以前はすばらしいと考えていたことは、現実にはひどいものであり、その反対も真である。なぜであろうか。ルターは言う。それは「人が認識する業の内に神の目に見えない事柄を見る知恵は、完全に自惚れており、盲目で、頑なだから」である（論題22）。彼は、この主張が神の律法を基盤としていると考える。それは「神の怒り」をもたらし、「キリストの内にないすべてのものを殺し、非難し、告発し、裁き、責める」（論題23）。自然本性的な知恵は悪ではなく、また律法も避けられないものであるが、「十字架の神学」を持たず、十字架につけられたキリストに対する信仰を持たない者は、「最善のものを最悪な方法で」濫用するほかない（論題24）。人は物事や出来事について自分の洞察や感覚や愛に従って判断する。人間の愛は「自分を喜ばせるものから来る」ものである。しかし神の愛は「ご自分を喜ばすことを見いだすのではなく、むしろ創造する」（論題28）[4]。

ルターは「十字架の友」について語っている（結論XXI）。「十字架の友」は知っている。悪のように見えるものは、現実には受け入れうるものだということを。それらのものは、私たちの自我と、自らの業への自尊心を破壊するからである。十字架の神学者は、自分が「自分だけでは無に等しい者で、自分の業は自分の業ではなく神の業である」ことを自覚している。他の方法を探そうとする者は盲目のままであり、神が人に与えてくださった最善のもの、つまりキリストを濫用することになる。私たちは「ゼロ」に引き戻される必要がある。私たちは低くされ、生まれ変わらなければならない（結論XXIV）。死を前にして苦しみ、十字架につけられたキリストの影の下で生きる、生まれ変わった神学者だけが、適切な仕方で神学することができる。そのような神学者は、十字架と苦難によってますます滅ぼされながらも、満ち足りている。

２　理論

キリストの十字架が重要なのはなぜであろうか。キリストを完全に中心にしたルターの神学は、後年、そのことを説明し説教するために役立つことになる。ルターの十字架の神学の内的正当性は、三つの側面において見いだすことができる。（１）救済論、（２）啓示、（３）倫理である。

（１）救済論の側面

カンタベリーのアンセルムスは、神が人とならなければならなかった理由を神の「償い」として説明しようとした。ルターはこれを取り入れることができた。イエス・キリストは「自分を献げ、死んで、自分の身において罪と死に打ち勝った」[5]。しかしルターにあって、強調点は理性的な議論ではなく、キリストの犠牲の結果に置かれた。したがって、彼は「償い」という概念を批判した。「償い」は「弱すぎ、キリストの恵みについて少ししか語らない（……）」からである。犠牲自体は、何か対象化しうるものとして、前面に出るべきものではない。「血」について語る場合も、ルターはそれを独立した対象としてではなく、イエスがご自身の命を献げたことと関連づけながら考える。ルターはアンセルムスの理論を用いるだけではなく、悪魔の業を滅ぼすといった、新約聖書に示される他のパターンをも用いている。古代教会からは、人類を脅かす圧制者に対するキリストの闘いという概念を引き出している。神は、キリストの内に置いた餌を飲み込んだ龍として描かれる悪魔を、出し抜いたのである。サタンはキリストの神性であるその「釣り針」に気づくことに遅れたのである。次の比喩も用いられる。キリストは悪魔の喉に素早く突き刺さり、悪魔は「彼を再び吐き出す」ほかなかった[6]。古代教会から受け継いだこれらの比喩は、アンセルムスの理論にまさるものではない。しかしそこから示されるのは、ルターによれば、キリストの十字架が意味する事柄を明確にするためには、他のシンボルを取り入れることが許されているということである。神の怒りとサタンと死は、ルターにとって罪の概念と関連している。罪は罪責によって解釈されるものであり、罪悪感は中世において多くの人々を落ち込ませた。ジークムント・フロイトの言葉を用いると、それはエディプス・コンプレックスの問題であり、罪悪感という感情に表される。今日、特に西洋においては、この問題は多くの人にとってナルシシズムに取って代わられている。それは「自分は恐れている」（何に対する恐れであるかは明確でなくても）という表現で言い表される。あるいはそれは、アイデンティティーの問題として示される。私は誰か、ということである。これらは新しい文脈であり、現代ではその文脈の中でキリストの十字架を解釈しなければならない。(7) 自分の恐怖心をまともに考えるなら苦しむことになるが、苦難と死は新しい命を得るための出発点である。復活は、墓以外の場所では始まることがない。葛藤の解決を得る場所は、葛藤のただ中である。私のアイデンティティーは、否定的な行動や肯定的な行動によって条件づけられるものではない。私のアイデンティティーを条件づけるのは、むしろキリストの来臨において神が私と一つとなってくださること、神が私と共に、私のために苦しんでくださることである。五〇〇年後、この新たな変化した枠組みは、大陸や国の違いによって相違があるかもしれない。それは、西洋においては、資本主義の自己中心主義であり、アジアにおいては恥の感覚であり、また、洋の東西を問わずに見られる感覚的、物質的な豊かさへの欲望である。十字架につけられ復活された方は、私たちの人生の中にあって、私たちを束縛し、苦しめるあらゆる力からの解放の象徴である。この解放は同時に、私たちが私たちの父である神と呼ぶ、私たちの存在の基盤との和解である。この解放と和解は、私たちの現実――霊的な悲惨の場合や、肉体的、感覚的な苦悩――を受容すること、そして、十字架につけられた方が復活し、この方に弟子として従うことによって私たちも同じ道を歩むということを悟ることである。

（2）啓示

ルターはしばしばヨハネによる福音書三章一六節を引用して論じる。「神は、その独り子をお与えになったほどに、世を愛された。独り子を信じる者が一人も滅びないで、永遠の命を得るためである」。キリストは、「ただ父を私たちにとって優しい方として表し、ご自身を通して私たちを父のもとへ導いた」[8]。父はキリストの内にご自身を「定義づけられた」。聖餐に関する論争についての文脈において、ルターは次のように説明している。神の栄光とは、「まさに、私たちのために神が深みにまで下って来られたこと、つまり人の肉、パン、私たちの口、私たちの心、私たちの胸に下って来られたこと（……）」である[9]。私は、「神が最も優しくあられるところ」において神を理解しなければならない[10]。それゆえルターは、次のように助言する。「（……）直接、飼い葉桶と、母の胎へと向かいなさい。この幼子を抱き、（……）この方を見つめなさい。生まれ、養われ、成長し、人間社会を巡り、教え、死に、復活された方を（……）」[11]。このことから、ルターの十字架の神学が十字架だけでなく、イエスの地上での全生涯と業に関わるものであることが分かる。

ルターにとって、いかなる啓示も神ご自身に関する啓示から発するものであった。当時、ほぼすべての人が神が存在することを当然のこととしていた。それゆえ、キリストとは神の解釈として考えられたであろう。現代の西洋では、多くの無神論者や不可知論者は神の存在を認めていない。仏教徒も同じである。それゆえ、現代の私たちはルターの観点を逆転させなければならない。神が御子イエスを通して私たちにご自身を啓示するのではなく、逆に、イエス・キリストが、超越的な次元が存在し、私たちが信頼し希望できることを知る知識を伝えるのである。ルター自身も、「神ご自身以上に無である存在はない」ことを知っていた[12]。ルターの十字架の神学は、私たちの伝統的な有神論的思考を克服するために、あるいは少なくともそれを相対化するために役立つ。擬人的な神を連想させるような、神の痛みについての神学は必要ない[13]。私たちの議論の出発点は、有神論的に神を捉えることではなく、十字架につけられたキリストと対面することでなければならない。改革者ルター自身、この観点の逆転について知っていた。彼は次のように言う。キリストにあって、私たちは「父の心の深み」を見る。[14] 現代の私たちなら次のように表現するだろう。私たちはキリストの内に、人生に信頼し、愛し、笑う理由を見いだす。ルターは、この点で私たちが直面する困難を理解していた。十字架につけられて復活した方、普遍的な啓示としてのイエスご自身が、私たちに隠されている。ルターの言葉を用いるなら、神は肉の弱さの中に隠れておられるのである。[15] 私たちはどうしたら神を“sub contraria specie（反対の姿の内に）”発見することができるだろうか。私たちがこの真理を見いだすには、ただ御言葉に耳を傾けなければならない。御言葉は、神の臨在を告げ、あらわにするからである。「言葉があるところで……探しなさい[16]」。十字架の神学は、このメッセージを宣べ伝え、受け入れることによって初めてその力を発揮する。メッセージを全面的に受け入れる一つの方法は、サクラメント（秘跡）を祝い、キリストの弟子として生きることである。

(3) 倫理

キリストの十字架とキリスト者の十字架は互いに従属し合う。キリストの十字架の意味は、苦しみによって自らを明らかにする。それゆえ、信仰者は苦しみを避けようとしてはならない。苦しみを求めるだけであってもならない。信仰者のために苦しみを備えてくださるのは神である。あなたが苦しんでいるものは、あなたの人生の真の宝である。キリストは、ご自身の苦しみによって、それを聖なるものとしてくださった。信仰は、苦しみやあらゆる困難からの解放ではない。むしろ信仰は、自らの苦しみの中でキリストの受難に依り頼み、自らの痛みや悲しみの意味を理解する勇気を与えるものである。キリストの十字架とは、「すべてを捨てて、心の信仰によってキリストのみにしがみつく」ことにほかならない。「それが、キリストの十字架を担うことである」[17]。十字架の神学を生きるとは、自らの望みも、自分が至らない者だという気持ちも忘れ、ただ神の憐れみにしがみつくことである。信仰者にとって、頼りにできるものは何もない。霊的な特質も、生まれつきの美質もない。ただキリストがおられるだけである。それゆえ、信仰者は自分自身にとっても隠されている。信仰者の生き方は理性や経験を基盤とするものであってはならない。信仰者は、十字架につけられて死から復活したキリストの現存に信頼しながら、誘惑と疑いの暗闇の中を歩むのである。

このアプローチはまた、キリスト者の社会的行動にも影響を及ぼす。歴史や社会の中には、私たちが理解しがたいことが多数存在する。にもかかわらず、私たちは何らかの方法で行動しなければならない。ドイツ農民戦争において、ルターは初め農民たちを支持し、諸侯を批判したが、同時に、権威は神からその力を与えられており、キリスト者は神から与えられた危害や苦難に反抗するべきではないと彼らに説いた。「苦しみ、苦しみ、十字架、十字架こそがキリスト者の権利であり、それ以外はない」。ルターにとっては、これは矛盾ではなかった。彼は次の区別を行った。あなたは自らの重荷を負い、キリストの十字架に照らしてそれを受け入れなければならない。しかしあなたは、イエスがその生涯と死を通して行ったのと同じように、断固として隣人の苦しみを取り除くために努めなければならない。十字架は暴力の象徴である。自分に加えられる暴力を耐え忍びなさい。しかし、隣人に加えられたいかなる暴力に対しても戦いなさい。残念ながらルターは、この区別の可能性を完全に展開することができなかった。現代の私たちが批判するとおりである。ルターは、すべての人が自分の周りにある政治的、社会的腐敗に対して戦う責任を負うような、民主的な秩序を想像することができなかった。民主的な社会で生きる現代の私たちは、中世の人々よりも良い機会に恵まれている。

３　恩恵

ルターの十字架の神学から私たちが得られる恩恵は何か。ルターの十字架の神学の今日にとっての意義は何か。私は三つの点にそれを見いだす。（１）それは、私たちが今日目にしているある種の「栄光の神学」に対して私たちの目を開かせる。（２）それは、キリスト者とキリスト教に新しい観点を提供する。（３）それは、私たちの価値観を転換しなければならないことに気づくように私たちに問いかける。こうして、人生の否定的な経験は私たちにとって真の宝であることが明らかになる。

A　「栄光の神学」の仮面を剥がす

ルターは、自らの十字架の神学に基づいて「栄光の神学」を批判している。これは現代にも当てはまる。

ルターは幾つもの種類の「栄光の神学」を攻撃している。知的な種類の「栄光の神学」は、理性の力に頼る神学である。それは、自力で神についての永遠に妥当する主張を行えると考える。栄光の神学は、キリストの十字架に基づく神学ではない。そこでは、十字架に対して僅かな役割しか与えられていない。それは傲慢で自力主義的なイデオロギーである。それは教義主義と、根本主義の支配として示される。

この種の神学の心理学的なタイプは、道徳的な業への依存の内に示される。中世の信心業や現代の自力主義に見られるとおりである。個人は、有能な者として行動し、そのことに満足している。こうして神は、自らの目的のために道具化される。個人は自らの道徳的な完全性を頼りとする傾向がある。しかし彼は、神の徹底的な要求に身をさらさなければならない。神ご自身が、私に挑戦を与えるさまざまな経験をもって私に立ち向かうことがありうる。ルターは、説教の一つの中で、カナンの女の話（マタ一五・二一以下）について語る。彼女は初めイエスに拒絶されたが、粘り強くイエスに願った。ルターによれば、人はこのように粘り強く願いながら、神の否の内に「深く隠された然り」を見いださなければならない[18]。

教会論の文脈では、勝利主義的な神学は見栄えの良い教会を好む。そのような教会は、一致し、力強く、道徳的に正しい者として自らを示すかもしれない。そうした教会は自らの戦略的目標を追求する。彼らはさまざまな議論によって自分たちを「使徒的」な教会として正当化するが、その議論は新約聖書に由来するものではない。

ルターにとって、政治的な意味での勝利主義的な神学も存在する。そのような神学は、政治的に強力な教会として自らを示す。彼らは政治的影響力と社会的特権を有している。彼らはさまざまな規範と決定によって社会生活を形づくることができる。彼らは神権政治を追求する。それゆえ、ルターの見解によれば、ドイツ農民戦争において福音は政治的目的のために濫用された。カルヴァンのジュネーヴゃ、後にマルクス主義が待望した完全な社会組織、そしてイスラムさえもこの種の神学の例となりうる。十字架の神学は新たな形で現実を見ることを要求する。

B　新しい観点

ルターの十字架の神学の恩恵は、新しい観点をもたらす。すなわち、（１）個人、（２）個人が生きる社会、（３）そして、キリスト教以外の諸宗教との関連のうちに自らを見いだす教会にとっての観点である。

十字架の下にあるキリスト者は、自らを新たな光の内に見いだす。正直に自分を見つめるとき、彼は自らの自己中心主義とこの自己中心主義を捨てる能力のなさに驚くかもしれない。しかし、彼は知っている。十字架の下には、自らの欠点や恐れにもかかわらず、自分が立ち、とどまることができる場所、自分が存在する場所があるということを。キリスト者をキリスト者とするのは、自らの道徳的、霊的特質ではなく、キリストを通して神によってキリスト者と呼ばれることである。キリスト者は自らのアイデンティティーに不安を抱くが、アイデンティティーについて心配するには及ばない。彼は自分の新しいアイデンティティーを知っているからである。そのアイデンティティーとは、キリストが彼をご自身と一つにしたことによって与えられた。キリスト者は、自分が直面するさまざまな問題や脅威に驚かされることがあるかもしれない。しかし、キリストへの信仰によって、彼は出口を見いだす。アリスター・E・マクグラスはルターの十字架の神学に関する著作の中で、このことについてのすばらしい例を提供している。彼は、ヒトラーの暗殺を企てたために処刑されたカール・ゲルデラーについて言及している。処刑の直前に、ゲルデラーは次のように書いている。「眠れない夜を過ごしながら、私は、人の個人的な運命に関わってくださる神が存在するかどうか、自問した。このことを信じるのはますます難しくなっている。そのために神は、多くの血と苦しみを許さなければならない。（……）私は神に対して怒りを覚える。（……）にもかかわらず、私はキリストを通して、憐れみ深い神をなおも探し続ける。その方をまだ見いだしてはいない。（……）一体どこに慰めはあるのか[19]」。彼が探していた場所は正しかった。

イエス・キリストの十字架を真剣に受け止めている教会は、傲慢に、勝利主義的な仕方で振る舞ってはならない。十字架以外の形に自らを作り上げようとする教会は、自らを失う。これは何を意味するのであろうか。

驚くべきことに、ルターはこの点で教理も例外とはしない。教会の教理でさえ常に疑問に付される。私たちは、教会の教理を守るために、これと戦わなければならない。それゆえルターの賛美歌の中には次のような祈りがある。「主よ、あなたの言葉の内に私たちを守ってください……[20]」。悪魔は教会をさまざま分派や欠点で満たすことができる。こうして私たちは教会や神に対して怒ることができるようになる。神ご自身すらも教会を無力な者として断罪することができる。真の教会を人間の目から見てはならない。これは実際、信仰箇条である。教会の中には、主に対する共通の誤解と抵抗が見いだされる。

さらに、教会の実践も検証されなければならない。人は教会を牧会的、宣教的、社会的成功によって認めてはならない。統計は嘘をつく。教皇やトルコ人は裕福である。どちらも常に成功していたからである。しかし、主に従う教会は、隠されている。時には「反対の姿によって」[21]。教会の歴史はしばしば教会の本質に反している。「真の教会は隠れており、聖人たちは覆われている」[21]。

最後に、真の苦しみは教会の運命である。殉教者のいない教会はない。苦しみは、教会の真の宝である。ルターは晩年の著作『公会議と教会について』において教会の七つのしるしを挙げる。七つ目は苦しみである。「あなたは聖なるキリストの民を聖なる十字架のサクラメントによって見いだすことができる。彼らは、悪運、迫害、誘惑、さまざまな病いを受け入れなければならない」[22]。教会は貧しく、病み、力を持たないかもしれない。キリスト者は人から認められ、称賛されるのではなく、むしろさげすまれ、誤解される。プロテスタンティズムはこの観点から、自らの時として悲惨な状態を理解できたであろうか。ルターはこう語る。「十字架は、神が教会を高めるための手段である」[23]。しかし、この言葉を、言い訳ないしは名ばかりの議論と受け取ってはならない。にもかかわらず、サタンが教会に戦いを挑めば挑むほど、キリスト者たちは笑わなければならない。なぜなら、神は無から万物を創造する方だからである（ex nihilo omnia）。

キリスト教以外の諸宗教との関連から見た十字架の神学は、ルターが論じたことのなかった問題である。現代の私たちが知っているとおり、キリスト教以外の諸宗教は、キリストの十字架について全く理解していない。ユダヤ教が十字架を希望の象徴として見ることはできない。イスラムにおいて、歴史上のイエスが実際に死に、十字架につけられたことは否定されている。イスラム教徒にとって、永遠のアッラーが、弱く、苦しみ、十字架につけられた人間と自らを同一化することは、ありえない発想である。イスラム教徒にとっての神は、御稜威と力と全能の神である。その憐れみは限りがない。特別な神の業による贖いの必要はない。ヒンドゥー教の伝統において、人間は長い生まれ変わりの連鎖の中でカルマ（業）を自ら定めなければならない。イエスは敬虔な信仰者の模範と見なされるが、その死が他者にとって特別な意味を持つことはない。仏教僧ティック・ナット・ハンは、十字架が良い波動を持つとは感じていない。[24]

これらの反論は、本質的に、キリスト者にとって意味を持たない。キリスト教信仰がこれらの反論に応答する義務はない。しかし、はっきりとこう宣言するだけでは不十分である。十字架の言葉は、諸宗教の世界におけるキリスト教の位置づけを構成する。フランシスコ会の伝統に従って言うなら、教会は「小さな姉妹」として自らを理解し、他者に仕えなければならない。他者のための教会は、他の諸宗教やその信仰者にとっても教会である。教会はいかなる奉仕をするのか。十字架のメッセージは、自らの過大評価や、成功と自己決定によって自らを滅ぼすことから人間を守る。聖母子像や、観音菩薩は十字架よりも魅力的に見えるかもしれない。しかし、十字架につけられたキリストの姿は地上のあらゆる災いと自らを結びつけ、こうして贖いの普遍的な象徴となりうるのである。

C　私たちの価値観の見直し

十字架に注目することは、私たちの自然な価値観を見直すことを意味する。そこから、さまざまな点において私たちの認識パターンが変わりうる。神学に関して言えば、神認識と真の神学は可能である。この混沌とした世界の中でもそれらは存在しうる。ルターは私たちがこのことを真に洞察することを求めた。しかしそれが実現するのは、“sub contraria specie（反対の姿の内に）”のみ、すなわち、キリストと信仰が互いに出会うことによってのみである。キリストのみに依り頼むことは、私たちの自然な感情に反する。しかし罪深い人間にとっては、それ以外の方法はない。私たちは十字架につけられたキリストの内に、全能の神と出会う。ルターはロマ書講義の中で、こう述べる。「我々の富は隠されている。あまりにも深く隠されているため、それは反対のものの内に隠されている。我々の命は死の下に隠され、褒められることはさげすまれることの下に隠され、天国は地獄の下に隠され、知恵は愚かさの下に隠され、正義は罪の下に隠されている」。神は「反対の姿の内に」働かれる[25]。否定的なものの下に肯定的なものを見いだすことだけが、神を見いだす唯一の方法である。人間的な観点から見るなら、神ご自身は否定的な存在である。神は善と知恵と義の反対である。愛の神に対する信仰を受け入れることによって初めて、神は実在となる。

これは、新しい形の否定神学である。ディオニュシオス・アレオパギテスや後のニコラウス・クザーヌスのような新プラトン主義的な否定神学の伝統が存在する[26]。しかし、そこで否定とは人間の認識の否定である。人間知性は無限の神を把握することができない。ルターの否定神学は、人間の存在に関するものである。伝統的な否定神学によれば、神についての言明は否定的な方法でのみ可能である。神は限界がなく、探究できず、到達できない。神は私たちの認識能力を超越する。私たちの推論能力は不十分である。しかしルターにとっては、神は私たちの推論と対立するだけではなく、それにもまして、私たちの自然な感情や欲求とも対立する。神は、私たちが生き、よい人生を生きることへの、さらには聖なる人生を生きることへの望みとも対立する。人は、神と人の前で自分が罪人であることを告白しなければならない。人は、贖いと永遠の至福が約束されている罪人として、自分の思い、行い、感情、存在をも超越しなければならない。この否定を理解することが、正しい肯定に至るための唯一の方法である。ヘブライ人への手紙一一章一節によれば、信仰とは「見えない事実を確認すること」である。この箇所について、ルターは『奴隷意志論』(De servo arbitrio) において次のように説明している。信仰の対象であるものはすべて、隠されていなければならない。なぜなら、この方法によってのみ信仰が生まれうる場所が見いだされるからである。しかしそれは、対立する経験の下に隠れているほど深く隠れてはいない[27]。

この概念は実際、私たちの伝統的な価値観の活性化、あるいはむしろその変容を意味している。同時にそれは、私たちの自然な感情に対する激しい攻撃でもある。ルターは説教の中でこう要約する。「それは、神が定めた規則である。人間の目から見て高いものはすべて、神の前では不適切で、野蛮である[28]」。神はご自身を示すためにすべてを転倒させるのである。

神の力が死者を復活させるほど強いことは、十字架につけられたキリストの内に証明される。「無」と見なされる人間の内に、神の力は実現される。人間は好ましいものを愛する。自分の快楽を基準にして愛するのである。私たちは愛するものによって、何かを獲得しようとする。神はその反対に、愛すべきでないものを愛する。神は罪人を愛し、それによって罪人を愛すべきものとする。神のみが、愛すべきものを愛すべきものとすることができる。私たちの人生を価値あるものとするのは、私たちの存在や行動ではない。キリストの内に表された神の愛が、人生を価値あるものとするのである。

ルターは、私たちの価値観を根底から見直すことによって、まことの命への道を見いだした。マニフィカトについての解説の中で、ルターはその十字架の神学を簡潔に言い表している。神は、低く、卑しいものを高く上げる。マリアは素朴で貧しい少女だったが、それこそが、彼女がすばらしいことを味わうことのできた理由である。人間は常に上を見上げる。見栄えの良い、魅力的なものを探究する。しかし神は、常に下の方を、底辺の低いところを見下ろされる。神は無価値のように思われるものを選ばれる。(29) それこそが「神のやり方」である。「人間の力が尽きるとき、神の力が始まる」(30)。神の「力は弱さの中でこそ十分に発揮される」（二コリ一二・九）のである。

十字架の神学は、物事をそのありのままの姿で呼ぶ。そこには偽りも、ごまかしも、嘘もない。キリストを知ることだけが現実のふさわしい見方をもたらす。

要約すれば、こう言うことができる。ルターの十字架の神学は新しい経験への招きである。それは能力と力と勢力を持とうとするすべてのものから人を解放する。そしてまさにそのことを通じて、それは「復活の神学」となる。人は復活の神学を十字架の神学と対立させてはならない。創造し、死者の中から復活させる神の力は、十字架につけられたキリストの内に示される。それゆえ、この神の力は、十字架につけられたキリスト者の内に、十字架につけられた教会の内に、十字架につけられた神学の内にも示される。ルターの十字架の神学は、私たちが現実を新たな仕方で見るように招く。それは、理解することのできない事柄の内に隠された神の業を見いだす機会を与えてくれる。私たちは、キリストの十字架の観点で問いかけることによって、人生の謎の真の意味を見いだすように招かれる。この新しい観点が、信仰者が、十字架につけられたキリストの復活に（いわば）あずかり、「反対の姿の内に」キリストの力を共有し、恐れと困窮のうちにある人々を助けることを可能にし、力づけるのである。キリストは私たち皆のために死なれただけでなく、この人々のためにも死なれたのである。

それゆえ、ルターの十字架の神学を、ルター派神学の伝統的なシンボルマークとして理解するだけではなく、それを人生の生き生きとしたまことの源として再発見することが極めて重要なのである。

（ジェンキンズ久美子訳）

注

（1）S. Alister E. McGrath, Luther's Theology of the Cross. Martin Luther's Theological Breakthrough, Oxford /UK 1985; Dennis Ngien, The Suffering of God according to Martin Luther's Theologia Crucis, Foreword by Jürgen Moltmann, Vancouver/British Columbia 1995; Michael Korthaus, Kreuzestheologie. Geschichter und Gehalt eines Programmbegriffs in der evangelischen Theologie, Tübingen 2007; Claudia Janssen, Benita Joswig（ed.）, Erinnern und aufstehen – antworten auf Kreuzestheologien, Mainz 2000. WA = Luther, Martin, Werke, 1883ff. StA = Studienausgabe Martin Luther, 1979ff. LDStA = Martin Luther. Lateinisch–deutsche Studienausgabe, 2006ff.

（2）Klaus–Peter Jörns, Notwendige Abschiede. Auf dem Weg zu einem glaubwürdigen Christentum, Gütersloh 2004, passim.

（3）WA 1, 353–374（StA 1, 200–218）.

（4）LW 31, 1957, 39ff.

（5）WA 21, 264, 27ff.

（6）S. Hans–Martin Barth, The Theology of Martin Luther. A Critical Assessment, Fortress Press: Minneapolis 2013, p. 170f.

（7）Cf. Andrea Bieler, Ich habe Angst. Die Predigt vom Kreuz im narzißtischen Zeitalter, in: Claudia

Janssen; Benita Joswig（s. above note 1）, 132–149.

（8）WA 10/3, 161, 4–7.

（9）WA 23, 156, 30–33.

（10）WA 10/3, 155, 2–4.

（11）WA 40/1, 77, 23. 80, 14.

（12）WA 43, 392, 17f.

（13）北森嘉藏『神の痛みの神学』新教出版社、一九五八年（独語訳 Theologie des Schmerzes Gottes, Göttingen 1972）.

（14）WA 30/1, 192, 5.

（15）Deus absconditus in carne, in infirmitate carnis, in humanitate, WA 3, 124, 34; 503, 2ff. Cf. WA 56, 380, 31ff.

（16）WA 19, 492, 23f.

（17）WA 1, 101, 19ff.

（18）WA 17/2, 203, 15ff.

（19）McGrath（s. above note 1）, 179f.

（20）Evangelisches Gesangbuch 193, 1: „Erhalt uns, Herr, bei deinem Wort（……）."

（21）LDStA 1, 322, 27.

（22）StA 5, 604, 28–60, 13.

（23）WA 40/3, 90, 6f.

（24）Thich Nhat Hanh, Jesus und Buddha – Ein Dialog der Liebe, Freiburg i.Br. 2000, 46.

（25）WA 56, 392, 28–393, 3.

（26）Reinhold Weier, Das Thema vom verborgenen Gott von Nikolaus von Kues zu Martin Luther, Münster 1967.

（27） LDStA 1, 286, 4ff.
（28） WA 1, 270, 22–24.
（29） WA 7, 560, 21–561, 7.
（30） WA 7, 586, 12f., 23.

第四章　一七世紀イングランド・ピューリタンの贖罪理解
――トマス・グッドウィン、ジョン・オーウェン、リチャード・バクスターの場合

須田　拓

はじめに

贖罪論は、キリストの十字架において何が起きたのかについて語るものである。教会は「十字架につけられたキリスト」を宣べ伝えてきたのだとすれば、贖罪論は常にその中心にあるべきものである。聖書は、キリストの十字架において起きた事柄を、様々な表象を用いて記している。それは神学において、従来、諸類型に分ける形で論じられてきた。一般的には、周知の通り、罪と悪に囚われている者を贖い出すためにキリストの命という代価が支払われたとする、古代教父の賠償説、罪によって神の栄光が汚されたことに対する償いがなされたとする、カンタベリーのアンセルムスによる充足説、罪に対する刑罰が代わりに負われたとする、宗教改革者が強調したとされる刑罰代償説、そして、十字架における自己犠牲の愛に心打たれた者が自らも他者を愛するよう促されるとする、アベラルドゥスらによる道徳感化説（主観説）などが挙げられてきた。

もっとも、特定の神学者の贖罪理解が、必ずしもこのいずれか一つのモデルに収斂されるわけでは

なく、多くの場合複合的である。西方神学は、その中でも特にカンタベリーのアンセルムスの影響を強く受け、また残していると言われる。[1] しかし、グスタフ・アウレンは『勝利者キリスト』において、例えばエイレナイオスらの贖罪論を勝利説と呼び、マルティン・ルターの中にもこの勝利説が中心的なものとして存在することを主張した。[2] つまり、人間を捕らえている罪、悪、死といった力に対してキリストは勝利され、その人間を勝ち取ったのだというわけである。近年では、新約聖書神学のいわゆる「新しいパウロ研究」の勃興などとも関連して、例えばN・T・ライトのように、勝利説的なモティーフを重視する贖罪論を語ろうとする者が出現している。

本論の課題は、一七世紀イングランドのピューリタニズムにおいて、十字架における贖罪がどのように論じられていたのかを明らかにすることである。もっとも、ピューリタンと言っても、それを一括りに論じることはできないし、その全てを取り上げることもできない。従って、その全体像を明らかにすることは困難である。そこで、本論では、一七世紀イングランドの神学状況を踏まえて、どのような点が活発に議論されていたか、その一例を、特にカルヴィニズム、それも会衆派神学者トマス・グッドウィンとジョン・オーウェン及び長老派神学者リチャード・バクスターの視点から検討してみたく思う。特に、救済論的にはアルミニウス主義やソッツィーニ主義が広まる中で、いわゆるカルヴィニズムがどのように反論し、どのような贖罪理解を展開したのかに注目する。

1　一七世紀イングランドにおける二つの論点

A　ソッツィーニ主義

一七世紀イングランドにおいて、いわゆるカルヴィニズムに対して投げ掛けられた論争はいくつかあるが、その中で、贖罪論に影響を及ぼすものとして特に重要なのは、ソッツィーニ主義とアルミニウス主義である。そこで、まずソッツィーニ主義の主張を概観してみよう。

ソッツィーニ主義は、ファウストゥス・ソッツィーニに始まる、理性主義の運動であった。彼らは、理性によって聖書を読むことを主張し、その観点から、三位一体の教理を否定し、ユニテリアンを標榜したことで知られる。つまり、真の神は父なる神のみであるとし、御子の完全な神性を否定し、また聖霊を神の力であるとしてその位格性を否定する傾向にあった。彼らはポーランドのラコフで『ラコフ信仰問答』を一六〇五年にポーランド語で、一六〇九年にラテン語で著し、彼らの信仰理解を表明した。

イングランドにおいては、一六一四年にイングランド議会によってこのラコフ信仰問答が焚書になったとの記録があり、一七世紀初頭には既に広まっていたことが窺える[3]。特にジョン・ビドルは様々な著作を著して大きな影響を与え、「イングランド・ユニテリアンの父」と呼ばれた。もっとも、一言でソッツィーニ主義者と言っても、理性主義的観点からのユニテリアンであることは変わりないものの、その主張は必ずしも全ての者が全てにおいて同一であるわけではない。ここでは、ラコフ信仰問答における贖罪理解を概観してみたい。

『ラコフ信仰問答』は、「今日のキリスト者たちは、共通して、キリストがその死によって私たちのための救いをもたらし、私たちの罪に対する完全な充足をもたらしたと考えているが、しかしそのような意見は誤謬であり、不正確であり、非常に危険である」[4]と語り、いわゆる充足説を否定している。そのような充足説の考えは、「放縦」を生み出す危険があると言い、そして、そもそも私たちの救いのためのキリストの死という理解について、「聖書はそのようなことについて沈黙している。それは聖書と理性の両方に対して適合しない」というのである。[5]むしろ、キリストは、神への従順の模範であり、同時に、そのように生きるようにと側らに立って呼びかけてくださるお方だと語られ、いわゆる道徳感化説的な贖罪理解が示される。[6]

　しかし、キリストの死は単に模範としての意味しかないというのでもない。「キリストは、信ずる者に永遠の命を与える力を得られた」と言う。但し、それは、キリストが復活によって「天と地の全ての権能を得た」からに他ならず、死は「復活、そしてキリストの高挙への道の途上」としての意味しか持たないという。

　従って、「キリストは私たちの罪のために死なれた」というのは、「私たちの代わりに」ということではなく、「私たちを代表して」ということであり、「私たちの罪という理由によって」か、「私たちの罪を代表して」という意味でしかないとする。[7]

　それにも拘わらず、「神とキリストは、囚われている者の贖い主である」とも言う。[8]そして、「キリスト、あるいはキリストの魂が死に、贖い金（ransom）として、また贖いの代価として与えられた」とまで言う。しかし、「贖いという言葉から、充足は意味できない」として、それが、人間が囚われている「罪、世、悪魔、死」からの自由であることは認めるものの、例えば出エジプトの例を取り上げ、モーセはイスラエルをエジプトから贖い出したが、全てを充足したわけではなかったことと同様であると主張する。[9] つまり、そこでさらに人間の業が必要であり、キリストの死によってその業が呼び起こされる必要があるとされるわけである。

さらに、一方で、キリストが大祭司であることは肯定し、「キリストは今や天に到達し、そこで私たちを代表して神の御顔の前にあり、私たちの罪の償いを得るための全てを成し遂げられる」とする。しかし、「もしキリストが地上にあるならば、彼は祭司ではない。……キリストは、神に対して憐れみ深く信実な大祭司となるために、全てにおいて彼の兄弟たちと同じようにされなければならない。そして、全てにおいて兄弟たちと同じようにされるまで、つまり、苦悩や死においてそうされるまで、憐れみ深く信実な私たちの大祭司ではない。そして、死は彼の犠牲ではなく、そのための準備である」と語り、キリストの死は大祭司とされるためのものであって、それによる贖罪は否定するのである。[10] むしろ十字架の血は、イスラエルの祭司が聖所に入る準備として動物の血を振りかけたように、天の聖所に入るための準備であるとする。天の聖所でキリストは私たちの善き行いを犠牲として献げる。そして「父からいただいた、その完全で絶対的な権威によって、私たちを永続的に守り、執り成しによって、悪しき者に注がれる神の怒りから私たちを遠ざけて、私たちを刑罰から救い出す」という。

ここには、ソッツィーニ主義がユニテリアンであることが関係している可能性がある。彼らはユニテリアンの主張を掲げ、父なる神のみを真の神とする。従って、御子は御父と対等な神ではなく、地上においてなされた業に、贖罪のための充足性を見出すことができないということもあろう。そのため、キリストの死が大祭司として献げられた犠牲であることが否定され、むしろキリストの血は、天の聖所に入るためのものに過ぎず、まだ天の祭壇に犠牲を献げていないとされる。そして、そこで、神への従順としての信仰という人間の善き業がなお必要とされ、それは自由意志により可能であるとされるのである。

B　アルミニウス主義

一七世紀イングランドにおけるもう一つの流れはアルミニウス主義であり、またこのアルミニウス主義にどのように対するかであった。アルミニウス主義は、ヤーコブス・アルミニウスの名を冠するが、基本的には、予定論に対して批判的な考えを持つ者の総称である[11]。

アルミニウス主義者たちはアルミニウスの死後一六一〇年にゴーダに集まり、『レモンストランティア』を著したが、その第二項で、「世の救い主であるイエス・キリストは、全ての者のために、そして一人一人のために死なれ、十字架の死によって、彼は全ての者のために、贖いと罪の赦しを得た」と告白して、いわゆる普遍贖罪を主張した。しかし同時に、「しかし、信仰者以外誰も、この罪の赦しを実際に得てはいない」とも告白し、全ての人が救われるという普遍救済（万人救済）は否定して、信じる者のみの救済を主張している。但し、その信仰は、創造において全ての人に与えられている自由意志によって選び取られるものとしたのである。もっとも、自由意志の力のみによって信仰を得て救われることはできないが、「真の信仰者は、神の恩恵によって、悪魔、罪、世、欲望に抵抗して打ち勝つ十分な力を持って」おり、その神の恩恵は「不可抗ではない」とする。つまり、罪の赦しは、キリストの十字架によって全ての人に開かれているが、それは各個人が神の恩恵の下で自らの自由意志によって信仰を選び取ることで与えられるものとされる。それに対し、カルヴィニストたちはドルト信仰基準を定め、人間は全的堕落のために、自由意志によって信仰を自ら選ぶことはできないこと、そして「キリストは選ばれた者のために死なれた」という、いわゆる限定贖罪を主張した。

アルミニウス主義は、イングランドにおいても、既に一五九〇年にケンブリッジ大学で予定論を批判する者があり、一六〇四年のハンプトンコート会議後に大きく広まったとされる[12]。一六二〇年代以降、ダーラム司教で後にヨーク大司教となったリチャード・ネイルやカンタベリーの大司教ウィリアム・ロードがアルミウニウス主義に傾斜したことから、イングランド国内に大きな影響力を持つようになった[13]。もっとも、いわゆるアルミニウス主義者の主張は様々であって、それを統一的に扱うことはできない。そこでここでは、イングランドに大きな影響を与えたとされるジョン・グッドウィン（一五九四－一六六五）の主張を取り上げてみたい。

ジョン・グッドウィンは一六五一年に『贖われた贖罪』(*Redemption Redeemed*) という書物を著しているが、そこで彼が問題にしたのは、聖書のどこにも、キリストが「選ばれた人のみのために死なれた」とは記されていないことであり、従って、「キリストが全ての人のために死なれた」と信じなければならないということであった[14]。但し、「キリストが全ての人のために死なれた」とは、「彼は全ての人のために十分であるほどに死なれた」ことを意味せず、「全ての人が実際に贖われ、永遠に救われる」という意味でも、「全ての人のためにその注入や、信仰あるいは回心という賜物を獲得された」のでもなく、「全ての人の赦免や罪の赦しを獲得された」のでもないという[15]。

つまり、彼は、キリストは全ての人のために死なれたが、それによって直ちに全ての人が救われるのではなく、その意味で、「普遍贖罪」(universal redemption)であって「普遍救済」(universal salvation)ではないというのである。彼にとって、キリストの死は、赦免や罪の赦しのために十分なものではない。彼によれば、救われるためには信仰が必要である。そして、人間は既に、そのキリストの死によって「悔い改め、信じるために十分な力と媒介とを受け取って」いるという。[16]その既に与えられている自由意志によって自ら悔い改め、キリストを信ずることが救いには必要で、「信ずると直ちに義認され、罪の赦しを受ける。そして堅忍すれば永遠に救われる」というわけである。[17]

このように、彼はほぼ『レモンストランティア』に沿った主張をし、神は「全ての人がキリストの死によって救われるようにと意志されたが、全ての人が救われるのではない[18]」とその主張を掲げる。それにしても、神が全ての人の救いを意志されながら、実際には全ての人が救われるのではないとすることは、神に全ての人を救う力がないとされることになってしまわないだろうか。これを、彼は神の先行的意志と後行的意志とを区別することで説明しようとする。つまり、神の救済のご意志には先行的意志と後行的意志とがあり、神の先行的意志は全ての者を救うことであって、そのためにキリストは十字架で死なれた。しかし、現実に信じようとしない人間がいる中での神の後行的意志は、信じまた信じ続ける者を救うことであるというのである。[19]但し、神に二つの意志があるのでも、互いに矛盾する意志であるのでもないとし、この両者を一つの神の意志として統一的に理解しなければならないという。[20]

それでは、キリストの十字架の死は、どのような意味と効力を持っていたというのであろうか。グッドウィンによれば、キリストの十字架の死は、アダムから受け継いだ罪を取り除いたとされる。罪は通常、原罪（original sin）と現行の罪（actual sin）とに区別されるが、ここで十字架は、「例外なく全ての者を、（信じることによって）救われ得るようにしたのみでなく、全ての者をアダムの罪によってもたらされた全ての罪責と咎めから解き放ち、引き離した[21]」と、前者、即ち原罪のみを取り除くとグッドウィンは言う。そして、「その結果、誰も自分自身の責任によらなければ滅びたり咎められたりすることはない。それはつまり、実際にそして自発的に罪を犯すこと、あるいは、自分の力ですべきことをしなかったことによる[22]」というように、人は滅ぶとしたら、自ら犯した罪、即ち後者によって滅ぶというのである。そこで、救いのためには、今、自分の力で信じ、そして信じ続けることが必要であるとされることになる。

このように、彼は、神が予めある者を選んで、その者のためにキリストが十字架で死なれたという、予定論に基づく贖罪を否定し、あくまで、キリストは全ての者のために死なれたと主張する。つまり、キリストの死によって、全ての者に救いの可能性が開かれた。しかし、同時に、全ての者が救われるのではなく、救われる者が少数であることを受け入れ、全ての者に向けられたキリストの贖罪の死を自ら受け入れる者が実際には救われるとするのである。

ところで、彼によれば、神の救済の目的は、キリストという頭の下に、人と天使とを一つにまとめることである[23]。人をキリストの下に取り戻し、集めるのだとすれば、ここには勝利説的なモティーフがあると言えなくもない[24]。しかし、そこでも、「神はキリストを頭とすることを強制されるのではない」と語られる。いずれにしても、キリストの十字架の死が、贖罪において全てを成し遂げるもの、即ち充足性を持つものであることは否定されることになる。従って、十字架の死は、全ての者のためという普遍性を持つものではあっても、充足性を持つものではないとされることになるのである。

2　カルヴィニズムの贖罪論

A　トマス・グッドウィンの場合

トマス・グッドウィン（一六〇〇－一六八〇）は、ウェストミンスター会議にも出席した、会衆派を代表する神学者の一人である。彼は『仲保者キリストについて』（*Of Christ the Mediator*）を著し、そこで十字架の死の理解について記している。ここでは、この著作に表れた彼の贖罪理解を概観してみたい。

グッドウィンは、実に多面的な十字架の理解をしている。まず、カンタベリーのアンセルムスによる充足説と同様に、人間が罪によって傷つけた神の栄光を、キリストは有り余る栄光を神に帰すことで神を満足させたと語る。(25) グッドウィンによれば、キリストは人となった神の御子として、神の栄光を現しつつ、しかし自らを低くして神に栄光を帰し、また神への従順、それも律法を能動的に満たす意味での従順と、十字架の死をも受け入れる受動的な従順の両方を貫いた。それにより、神は、「被造物が犯した全ての罪によって不快になった以上に、もっと喜ばれた(26)」というのである。

さらにグッドウィンは、キリストの十字架の死を、祭司的観点から、神に捧げられた犠牲として説明する。グッドウィンによれば、十字架の死は、キリストがただその命を犠牲にしたのみならず、

「ご自身」を捧げた出来事であるという。[27] それは、彼自身は明記しないが、ソッツィーニ主義の「ラコフ信仰問答」に表れた贖罪理解への反論になっているように思われる。

旧約時代の祭司は、動物の血をもって聖所に入り、犠牲を捧げた。それに対し、キリストは、ご自分の血を流されたのみでなく、ご自身そのものを十字架で捧げられた。それは、血によって単に聖所に入ることを得たのみならず、さらにその祭壇にご自身という犠牲を捧げたことを意味するからである。しかも、雄山羊や雄牛という動物が捧げられたのではなく、真の神にして真の人である方ご自身が捧げられたのであれば、それがどれほどの意味を持つことになるかと言い、「私たちのための永遠の救いを獲得した」のだという。[28]

同時に、彼は刑罰代償説的な十字架理解をも示す。キリストは「罪を知らない」が、「転嫁」(imputation) によって、私たちの「罪責を担い」、それに対し刑罰が「科された」(infliction)。[29] ただ、十字架は、一方で、選ばれた者の罪に対する刑罰を負ったことだとしつつも、しかしそこでキリストが負ったのは、罪の刑罰だけではなく、罪そのものであったという。この主張の背景にあるのは、罪に対する刑罰の背後にあるのが神の怒りであること、そしてその重大性の認識である。彼は言う。キリストは「ただ私たちの刑罰を負ってくださっただけでなく、私たちの罪もまた負われた」。[30] そして、「（キリストは）人格として愛されていた」が、「罪とされたので、罪のための完全な刑罰を負われ、神はそれ故に怒りから、彼に転嫁された罪を罰した」と、十字架の背後にある神の怒りを指摘する。[31] しかし、それ故に、キリストが負われたのは単に罪に対する刑罰だけではなく、「呪い」(curse) でもあると語られる。彼によれば、呪いは刑罰以上のものであり、神の「復讐的怒り」によるものであって、キリストが呪いとなられたことで、全ての呪いから贖い出されたというのである。[32]

このような刑罰また呪いとしての十字架理解は、道徳律法（moral law）と関係するものであるが、彼は、そこで、ウェストミンスター会議でも課題となった能動的従順（active obedience）と受動的従順（passive obedience）の議論を持ち出す。キリストはただ十字架の死を引き受けることで、受動的に父なる神に従順を尽くしたのみではなく、積極的に律法を充足された。しかし、ウェストミンスター会議において、義認の際の、信仰者へのキリストの義の転嫁について、後者による義だけでなく前者による義も転嫁されるとすることは、無律法主義を招くのではないかとの疑義が出されたことが知られている。[33] グッドウィンは、この能動的従順も、信仰者には転嫁されるとする。それによって、義認のために何の業も要求されないというのである。[34]

グッドウィンはさらに、十字架の贖罪を、悪魔の支配からの解放とも理解する。十字架においてキリストは悪魔の力を打ち破り、勝利された。それは、第一に、悪魔は罪人に対する力しか許されていないはずであるのに、キリストを襲ってしまい、その持っていた力を失ったと説明される。そして第二に、神が悪魔に力を与えたのは、人間の罪に対して刑罰を与え呪うためであるが、キリストがその刑罰を受け、呪いとなってくださったため、「律法と悪魔の力はたちまちになくなり、失われた」という。そして第三に、「キリストが私たち全ての代わりに立ってくださったので、私たち全てを代表してくださるお方が悪魔を克服され、悪魔は私たち全てに対する力を失った」という。[35] そして、この悪魔に対する戦いはなお続き、信仰者の内に聖霊において働いて、悪魔から神へと心を向け直して回心させるという仕方で勝利し、そして終わりの日に、神の国を打ち立てて悪魔に最終的に勝利するという(36)。

このように、トマス・グッドウィンは、充足説、刑罰代償説、勝利説など、様々な類型で語られてきた贖罪理解を並べている。そうする中で、彼は、どの側面をとっても、キリストに確かに信仰者の罪そのものが負われ、神の正義が充足していることを示そうとするのである。

B　ジョン・オーウェンの場合

ジョン・オーウェン（一六一六－一六八三）は、やはり一七世紀イングランドの会衆派を代表する神学者の一人であり、膨大な著作を遺しているが、贖罪論に関しても、いくつかの文章を著している。その多くは、アルミニウス主義、またソッツィーニ主義に対する論駁を意図したものであった。その一つである『福音の弁証』（*Vindicae Evangelicae*）は、ソッツィーニ主義のラコフ信仰問答やジョン・ビドルの『聖書的信仰問答』に対する論駁の書であるが、そこにおいて、彼は、キリストの死は「代価」（price）、「犠牲」（sacrifice）、「刑罰」（punishment）の三つの意味があり、従って、それによる「贖い」（redemption）、「和解」（reconciliation）、「充足」（satisfaction）の三つが十字架で起こったと語る(37)。

彼は『キリストの死における死の死』において、この三つの側面を詳しく説明する。贖いというのは、「囚われや悲惨から、代価か贖い金の介入によって解放されること」を指し、キリストの血こその代価（price）、つまり贖い金（ransom）であったというのである(38)。そして、その結果信仰者にもたらされるのは、「罪責からの無償の義認」であり、「罪の結果としての罰からの解放としての罪の赦し」であるという。しかも、その贖い金を受け取る方が、差し出しもする。「キリストは主を宥め和解させる宥めの供え物だが、その主ご自身がキリストをそのようにさせる」[39]。つまり、神の愛が贖い金を支払い、神の正義がそれを受け取る。

また、十字架は和解をもたらしたという。和解は、神の私たちとの和解と、私たちの神との和解の両面を持つ[40]。オーウェンによれば、ソッツィーニ主義は、しばしば罪に対する神の怒りを軽視する傾向にあり、ただ人が回心して神へと向き直ることによる神との和解ばかりを考えていたという[41]。従って、ソッツィーニ主義者ジョン・ビドルの『聖書的信仰問答』においても、キリストの死についてが主題の第一二章では、「私たちが神と和解する」のか「神が私たちと和解されるのか」が二者択一とされてしまい、結局前者のみが肯定され、「神が私たちと和解する」という側面が無視されていると指摘される[42]。もちろん、人が「神に反対することから離れて、自発的に従うようにされること」も重要であるが、しかしオーウェンは、その神の怒りが宥められ、神が私たちと和解してくださることがさらに重要で、キリストの十字架の死はそのための犠牲であったというのである[43]。

そして、十字架は充足をもたらすという。それは、「その死によって、彼（キリスト）は彼がそのために死なれた者たちの罪のために神の正義を満足させた」ことだと語られる[44]。

もっとも、満足（充足）という語は旧約聖書で二度使われているものの、新約聖書にはないと断った上で、次のように説明する。「充足とは、法律から取られた用語で、それが転義され、人格に対して施されるという仕方で、適切に適用されている。そして、それは、債権者の債務者からの完全な賠償のことである」[45]。この場合、債権者は神、債務者は人間で、その負債は罪である。そして債権者が満足するためには、「罪の支払う報酬は死」と言われているように死が必要であるという。そこで、キリストの死という「贖い金」によって負債を免じられたのだと語られる。

この負債の解決には、二つの方法があるとする。一つは、返済の義務そのものを果たす方法であり、彼はこれを solutio ejusdem と呼ぶ。もう一つは、返済すべきものそのものを支払うのではなく、債権者が別の同等のものを受け入れることで返済の義務を免ずる方法であり、彼はこれを solutio tantidem と呼ぶ。フーゴー・グロティウスは、キリストの十字架の死が solutio ejusdem になることはないと主張した。いくつか理由が挙げられるが、その一つは、もし solutio ejusdem であるとすると、「赦し」の必要性がなくなり、赦しが神の恵みではなくなってしまうからだという(46)。

それに対し、オーウェンは solutio ejusdem を主張した。つまり、キリストは十字架において、救われる者の罪責そのものを負われた。実際、キリストは我々が受けるべきものと全く同じものを受けてくださったと彼は指摘する(47)。もっとも、彼は、「それ（キリストの流された血）は、それ自身無限の価値を持ち、世界の全ての人を買い戻すための代価とされるに十分なものである」とも言う。しかしそれは、十字架の血にはそれだけの価値があるということであって、実際にそこで負われたのは、救いへと選ばれた者の罪責である。

このような、オーウェンによる、キリストが救われる者の罪責そのものを負ったとする solutio ejusdem の主張は、それによって、十字架の死が罪に対する神の正義を満足させるものであることを明確にしようとしたものであると言えよう(48)。つまり、ソッツィーニ主義が十字架の死の充足性を否定する中で、それへの反論となる。

しかし同時に、この主張は、リチャード・バクスターとの間の論争を招くことになった。バクスターとの論争は、どちらかと言えば義認論の文脈でなされたものであるが、バクスターは、『義認のアフォリズム』において、solutio ejusdem は結局「永遠の義認」、即ち信仰を与えられる前から既に義認されていたことになりかねず、無律法主義を招くことになると、オーウェンを批判した。[49] バクスターがこだわったのは、一つは、義認が信仰以前とされているか以後とされているかであり、もう一つは、義認が「信仰」という条件を伴うものであるとしているかどうかであったとされる。[50] バクスターは、オーウェンが、信仰以前に、つまり十字架において既に義認が起きていると理解していると見なし、さらに、信仰という義認の条件が不明瞭にされかねないと警戒したのである。

オーウェンはこのような批判を意識するかのように、既に次のように語っていた。「キリストが（御業を）してくださった人々全てがすぐに実際にそれを理解し認識するわけではない。それは不可能である。しかしそれでも、それは彼らが実際の権利として、彼の死の果実全てを持つことを妨げるものではない。もっとも、完全にそれを実際に所有するのではなく、少なくともそれが知られるようになるまで、彼らは所持することができない[51]」。そして、次のような例えを語る。「異国で囚われ人の贖い金を支払った場合、彼は解放される権利は持っているが、その知らせがもたらされるまで享受することはできない[52]」。

そこで彼が目を向けたのは、現代に働く聖霊の御業であり、三位一体論的な贖罪の理解であった。既にウェストミンスター信仰告白が、義認について、「神は永遠から選ばれたものすべてを義とすることを決定したまい、キリストは、時満ちて、彼らの罪のために死に、彼らの義認のためによみがえりたもうた」と、その根拠がただキリストの十字架と復活にあることを告白した上で、「しかしながら彼らは、聖霊が時至って、キリストを現実的に彼らに向けたまうまでは義とされることがない」[53]としたことと同様である。

オーウェンは、バクスターの批判に対し、一六五〇年に『キリストの死』を著して反論した。そこで彼は、「キリストがその死によって、我々を実際に、そして現実的に救い給うた」のは「時間的に直ちにということではなく、因果律の意味において」であるとし、キリストの犠牲が我々の罪の負債そのものを支払うものであることは、時間的にその時点で義とされたことを必ずしも意味しないとした。[54]むしろ、「聖霊が作用因として働いて回心することにより、キリストの死の功績を獲得することになる」のだとした。[55]

つまり、キリストの十字架において信仰者の罪責そのものが既に担われたのだとしても、聖霊によって信仰を与えられるまでは、実際に罪赦され義とされたことにはならない。しかし、彼によれば、それはアルミニウス主義者ジョン・グッドウィンがしたような、神の先行的意志と後行的意志の区別によって説明されるべきものではない。オーウェンは、神の本質との結びつきから、神の意志の単純さ（simple）、また一貫性を指摘し、そのような神の意志の区別は適切ではないとする。[56]むしろ、その信仰も、自由意志の力によるのではなく、神の選びと聖霊の働きによるものであると理解すべきというのである。

十字架の贖罪は、贖罪だけで完結するものではない。それが教会を通し、そして聖霊によって一人一人にもたらされる必要があるというのが、オーウェンの理解であった。つまり、十字架でキリストが、神に選ばれた者たちの罪責そのものを負われたことを根拠として、神に選ばれた者に聖霊が働いて造りかえ、信仰を与えて再生し、キリストの義を転嫁して義認する。しかし、それは本来、贖罪論と区別された意味での救済論、また和解論の内容となろう。

言葉を換えて言えば、贖罪は三位一体の神の御業である。父なる神の選びとご計画に基づき、御子が受肉して十字架において選ばれた者たちの罪責を担い、そして聖霊が選ばれた者たちを信仰へと導いて十字架の恵みを適用する。

このように考えれば、十字架を solutio ejusdem と考えることは、決して、グロティウスが主張するように、神の恵みとしての赦しの必要性を排除することにはならない。つまり、「神の意志が、このキリストという充足を無償で定め」、「私たちの代わりとして、その定められた充足を、恵みによって受け容れてくださ」り、「キリストの死を、無償で私たちに適用してくださった」のはまさに神の恵み以外の何ものでもないとオーウェンは言う。そして、この適用によって、実際に、「キリストと共に死んだのなら、キリストと共に復活する」という約束を受け、「実際に私たちを呪いから解放して」おり、「私たちに不利な証書を取り除き十字架に釘付けに」しているという意味で、既に負債からの自由がもたらされていると言える面があることにも、オーウェンは目を向けさせている。[57]

トマス・グッドウィンの場合と同様に、このオーウェンの贖罪理解を、いわゆるどれか一つの類型に当てはめることはできない。オーウェンは、「罪のための贖罪をすることと、神と罪人を和解させることとは、実際には、罪に対して神の正義を満足させることである」と言って、贖罪を一方で充足説のモティーフで考えつつ、同時に、キリストの死を犠牲、また刑罰としても理解した。

いずれにせよ、キリストが私たちの罪を負われ、そのための刑罰を私たちに代わって受け、同時に、キリストが父なる神に代価と贖い金を支払い、神の正義の充足を得、さらにそれにより神との和解、そして贖罪（atonement）を成し遂げた、と様々なモティーフを混合して語られているのである。

C　リチャード・バクスターの場合

それでは、オーウェンを無律法主義と批判したバクスター自身は、どのような贖罪理解を持っていたのであろうか。リチャード・バクスター（一六一五－一六九一）は長老派のピューリタンであるが、彼は、キリストが全ての人のために十字架で死なれたことと、しかし救われるのは一部の人のみであることをどのように理解するのか、例えば『普遍贖罪』の中で論じている。

バクスターが掲げるのは、キリストは全ての人のために死なれたが、救われるのは選ばれた人のみということである。彼は一方で、「キリストは、等しく全ての人のために……死なれた」と言う。しかし同時に、「全ての人を実際に義認したり救ったりすることを確かに意図したり決意したりはしていない」と語る。(58)

彼によれば、キリストの死は、我々が業の律法を守ることができないための充足であり、全ての人間は、その充足によって、律法によって滅びなければならないことから贖い出される。しかし、そこでキリストは新しい契約を結ぶ。彼は『キリストの義の信仰者への転嫁について』では、契約概念を用いて次のように説明している。「アダムが自然的な意味で頭であり、従って、自然的出生によって罪責がもたらされたように、キリストは（自然的にではなく）聖なる契約によって頭である。従って、赦しの権利、子とされること、救いといったものが、出生によってではなく、契約（contract）あるいは贈与（donation）によってもたらされる」。従って、罪の赦し、そして救いのためには、この恵みの契約が必要であり、しかし、その契約のためには信仰が条件とされているというのである。

その意味で、「キリストの苦しみは、我々が戒めを守らないことのための充足ではない」[59]と彼は言う。キリストは古い契約、即ち業の契約を満たして、私たちと恵みの契約を結んでくださったが、その契約は信仰を条件とするものであって、キリストの死は、その信仰という条件をも充足するものではない。従って、「キリストは、恵みの律法（the Law of Grace）の、最終的に条件を果たさない人間のためには死なれていない」と語られ、また、「キリストは、新しい律法によって迫られているいかなるふさわしい刑罰をも負われていないし、その実際のふさわしい義務を誰からも取り除いてはいない」とされる[60]。そしてその結果、「キリストは私たちに代わって（in our stead）苦しまれた。それは、私たちが苦しみを受けないためであり、正式に私たちに代わって、私たちが従わなくてもよいように従ったということではない。そうではなく、私たちが従うようにと、私たちのために、そして私たちの利益のためにである」と語られる[61]。

バクスターは、無律法主義を警戒していた。だから、オーウェンが solutio ejusdem を主張した時、バクスターは、それでは永遠の義認、即ち、あの十字架の時点で既に人が罪責を負われて義とされていたことになり、人間の従順が一切必要ないことに、つまり無律法主義になりかねないと批判し、それ故に、十字架は solutio tantidem と理解されなければならないとした。彼がそこで重視したのは、救済における信仰の必要性である。そして、それこそが、キリストが全ての人のために十字架で死なれたことと、実際に救われる者が少ないことの間にあるものであると考えたのである。

このように、彼は、キリストは全ての人のために死なれたが、全員が救われるのではなく、救われるためには信仰が条件であると語る。彼はこの二重性を、アルミニウス主義者のジョン・グッドウィンと同様、キリストの「先行的意志」（antecedent will）と「後行的意志」（consequent will）とを区別することで説明しようとした(62)。先行的意志とは、「キリストの支配において、人間の従順や不従順に先立つもの」で、その意志によって「キリストは赦しや義認、栄光への権利を全ての人に等しく与える」が、それは「彼が先行的に、条件付きで赦すという、普遍的な赦免の御業あるいは与える行為をなすということであって、いかなる者をも条件付きで赦すということ以上ではない」というのである。それに対し、後行的意志とは、「統治の第二の部分であり、それは、人間の従順や不従順を判断（評決）することであって、通常、裁きとか実行（執行）と呼ばれるもの」であると言い、「我々が、彼が後行的にただ本当のキリスト者のみを義認し救う、そして、その意味で、彼の後行的意志によっては他の誰のためにも死なれたのではないと言うとき、我々が意味しているのは、人間の裁き主として、彼が義認と救いとを信仰者に与え、それ以外の誰にも与えないということである」とする(63)。

彼がジョン・グッドウィンと同様、先行的意志と後行的意志を区別したことにも表れているように、この理解は、明らかにアルミニウス主義に近づいている。しかし、彼は人間の自由意志で信仰を選び取ることが、その信仰という新しい契約の条件を得ることであるとは言わない。彼は次のように語る。「贖い金としてのキリストは立法者として、全ての者のために死なれ、彼の死の果実を全ての者にもたらした。……しかし、それらの憐れみは、絶対的主権者として、恣意的に（独断的に）彼との関わりにおいて与えられ、彼は彼が死なれた全ての者に与えるのでも、与えようと意志されるのでもない[64]」。十字架の死の果実は、キリストの恣意・独断によって与えられるという。つまり、信仰の背後に選びがあることを示唆する。さらには、キリストは「恩恵者また絶対的な主として、ある者たちにはそれ（信仰）を必ず生み出す恵みを与えることを明らかにした[65]」と言い、また、信仰は「キリストの死の果実」であり、聖霊を送ることで与えられるものとも語る。

従って、バクスターにとって、キリストは全ての者のために死なれたが、実際に救われるのは、選ばれた者のみであり、選ばれた者が信仰を与えられ、その信仰によって恵みの契約を結ぶことが救いの「条件」とされるのである。

なお、この点について、ジョン・オーウェンは、『キリストの死』において、彼が「キリストは永遠の火において自分自身の刑罰を負わなければならない者たちの刑罰は負っていない」と言い、また「最終的に信じない者のためには死なれていない」と語っていることを取り上げて、バクスターにおいても、結果的に十字架の死は選ばれた者のためのみ、即ち限定贖罪になっていると指摘している[66]。しかし、単に選ばれた者のための十字架というのではなく、同時に、全ての者のための十字架とも言い得るところに、バクスターの贖罪理解の特徴がある。

3　一七世紀イングランド・ピューリタニズムの贖罪論

限られた研究ではあるが、以上から一七世紀イングランド・ピューリタニズムの贖罪論について、何か言えることはあるであろうか。

一七世紀イングランドは、国教会体制を守ろうとする勢力と、いわゆる自由教会を形成しようとする勢力がせめぎ合う一方で、ソッツィーニ主義やアルミニウス主義、クウェーカーなどのラディカルな信仰を表明する者たちが現れた時代である。その中でもソッツィーニ主義とアルミニウス主義は、その主張が救済論に影響を及ぼすものであった。ソッツィーニ主義がキリストの十字架の、贖罪における充足性を否定したのに対し、アルミニウス主義は普遍贖罪を主張した。

ソッツィーニ主義は、その理性主義によって三位一体を否定し、ユニテリアンの主張を掲げた。それは、御子の真の神性を否定することでもあり、従って、キリストの十字架の死の意義が損なわれ、贖罪における充足性に疑義が生まれる結果となった。但し、アルミニウス主義は予定論を否定した。そこで、キリストの十字架の死は全ての人のためのものであり、救いは全ての人に開かれていると主張した。従って、贖罪の普遍性が問題となる。だが、彼らは万人救済（普遍救済）を主張するのではなく、自由意志によって信仰を選び取った者、つまり限られた者の救済を語った。しかし、それはいずれも、結局のところ、罪の解決のためには、キリストの十字架の死のみでは不十分であるということになり、やはりいわゆる充足性が問題であることになる。

このような時代状況にあって、論点は当然偏りを見せることになる。特にジョン・オーウェンにとって、そこで論証すべき第一のことは、キリストの十字架の死の充足性であった。そこで彼は、solutio tantidem ではなく solutio ejusdem による充足性を主張した。即ち、キリストが信仰者の罪責と同等の、しかし別の何かを負ったのではなく、罪責そのものを負ったのであるから、罪に対する神の正義は既に充足したことになる。

同様の理解は、トマス・グッドウィンにもあったように思われる。彼は、キリストが負ったのは罪責だけではなく、罪そのものであると主張し、それ故の刑罰と呪いとをキリストが受けたと語った。それは、私たちの罪責と同等の何か（tantundem）ではなく、罪とその結果そのもの（idem）を負ったことを意味する。

このような、solutio ejusdem としての十字架理解は、十字架の贖罪が「私たちに代わって」のものであることも明確にし、従って、贖罪の代理性が確保されるためにも大きな役割を果たすことになろう。

しかし、この主張はバクスターとの論争を招くことになった。オーウェンの solutio ejusdem の主張に対し、（オーウェンの反論からもわかるように、それが本当に無律法主義につながるものであるかどうかは疑問があるものの）無律法主義の危険を感じ取った長老派のリチャード・バクスターにとっては、救済における信仰という条件を見失わないこと、それ故に solutio tantidem を主張することこそが喫緊の課題であった。

確かに、オーウェンにしても、救済において信仰が不要であるとは考えていない。しかし、それは十字架の贖罪の適用の問題であって、むしろ、十字架の贖罪の十全性と、それをもたらし適用する救済論とを区別し、しかもそれを三位一体論的に統一的に理解していることに特徴があると言えよう。

このことに関連して、もう一つの課題は、アルミニウス主義が問うたように、キリストが多くの人のために十字架で死なれたことと、実際に救われる人が少ないことをどのように理解すべきかということであった。アルミニウス主義は、十字架によって全ての人に救いの可能性が開かれたものの、実際に救われるかどうかは人間の側にかかっていると主張した。オーウェンは、救われるのは選ばれた者だけであることを前提に、キリストが全ての人のために死なれたことを否定し、選ばれた者の罪責をそのまま背負われたとした。そこでは、神の救済意志が一貫し、またその一貫した意志に基づく御業がキリストと聖霊の両者によってなされることになる。それに対し、バクスターは、キリストが全ての人のために死なれたことと、選ばれた者のみが救われることを両立させようとし、solutio tantidem の主張は、そのためでもあった。但し、神の救済意志は、十字架以前と以後とで分裂しているように見られかねず、そのために先行的意志と後行的意志の区別が試みられる。

ブランノン・エリスは、宗教改革以後の改革派神学において、アルミニウス主義の主張に対して、大きく分けて二つの反応があったと指摘している。一つは、「改革派的特定主義」（Reformed Particularism）と呼ばれるもので、神が意図されキリストが成し遂げたのは、選ばれた者の救いであるとする立場であり、もう一つは、「仮説的普遍主義」（Hypothetical Universalism）と呼ばれるもので、キリストの充足は全ての人に十分であるが、選ばれた者のみに有効であるとする立場である(67)。本論では、トマス・グッドウィンとオーウェンが前者、バクスターが後者と、まさにこの両方の立場が表れていたと言えよう。

しかし、このような時代状況の中で、トマス・グッドウィンにしても、ジョン・オーウェン、そしてリチャード・バクスターにしても、それぞれの神学者の信仰には、充足説や刑罰代償説など、様々な類型につながる贖罪理解が混在しつつ、受け継がれていた。それは、キリストの十字架の出来事は、どれか一つの類型にはめ込むことのできるものではなく、諸類型で説明されていたことのトータルとして、複合的横断的に理解されていたことの証左であろう。もっとも、既に近藤勝彦が指摘しているように、宗教改革者の贖罪論においても、決して一つの類型のみに議論が集中しているのではなかった[68]。カルヴァンにしても刑罰代償説のみを語ったのではなく、キリストの十字架は、ただ一つの類型で理解され尽くすことはできない。

ところで、グスタフ・アウレンは、ルターの贖罪論の根本原理は勝利説的理解にあると見た。実際には、ルターが必ずしも勝利説に偏っていたと言うことはできないが[69]、この点について、一七世紀イングランドのピューリタンにとってもそうであろう。[illegible]上げたオーウェンとグッドウィン、その二つの贖罪論から、勝利説的な観点が完全に忘れ去られてしまっているわけではない。例えばトマス・グッドウィンは、贖罪を「悪魔の力からの解放」と表現した。また、オーウェンも、「悪魔」についての言及がないわけではなく、バクスターの場合も、新しい契約によって、キリストが絶対的な主、そして支配者となるとしており、そこに勝利説的な見方を読み込むこともできるであろう。さらには、アルミニウス主義者のジョン・グッドウィンも、確かに悪魔からの解放という観点が欠けているとしても、贖罪を単に罪の赦しの問題と理解するに留まらず、キリストの下に一つにまとめられることが目指されていることに注目しており、そこにも、一つ一つの人格がキリストの支配下に取り戻されるという、ある種の勝利説的なモティーフが意識されていると言うこともできるだろう。そこからすれば、勝利説的な贖罪理解が皆無であったわけではなく、むしろある一定の位置を持っていたと言うべきであろう。勝利説的な贖罪理解は、贖罪を単に個人の問題に還元するのではなく、歴史的また宇宙的射程でとらえているということでもある。[70]

しかし、それと同時に、トマス・グッドウィンやオーウェンにおいては、神の怒りが現実的なものとしてとらえられ、刑罰代償だけではなく、その神との和解が、贖罪の重要なテーマであった。神の怒りが強調されることは、十字架の贖罪が、ソッツィーニ主義が陥りがちであった道徳感化説に還元できないこと、そして、十字架において客観的な出来事が起きたと理解されていることを意味する。そして、そこから神との和解が強調されることは、言い換えれば、単に法的な関係だけでなく、しかしその側面とも関係しながら、神との人格的な関係の回復が重視されたということでもあろう。

アルミニウス主義も、またバクスターも、救済における信仰の重要性を語った。しかも、そこでは、特にバクスターの場合には、それが「恵みの契約」という神との契約関係の条件とされるように、神への積極的従順が含意されている。オーウェンも、信仰を救済の条件と語ることには反対したが、しかし、神に選ばれた者に信仰が与えられることは、十字架による贖罪が個々人に適用されるための重要な要素と考えた。そこでは、聖霊の働きが考えられており、聖霊によって人がどのように再生され、また聖化されるかについて、オーウェンは『聖霊論』[71]を記して詳述を試みている。そして、キリストの能動的従順が信仰を通して信仰者に転嫁されると主張しつつも、再生・聖化によって、人が神への従順に向けられて行くことを強調した。[72]このように、神との人格的な関係という共通の関心が、異なる主張の中にも見られるのではないか。

しかし、贖罪論においては、オーウェンらにとってそれ以上に重要であったのは、十字架が、罪に対する神の正義を充足するものであったことを明確にすることであり、それにも拘わらずキリストの十字架の恵みによって救われる者が少数であることをどのように理解するのかということであった。

そのように、一七世紀イングランド・ピューリタンは、宗教改革時代、またそれ以前の時代の理解を受け継ぎつつ、彼らの時代に提起された課題に答えようとしたのである。

注

（1）グスターフ・アウレン『勝利者キリスト』（佐藤敏夫・内海革訳、教文館、一九八二年）、七頁。
（2）前掲書、一四三頁。
（3）Earl M. Wilbur, *A History of Unitarianism: In Transylvania, England, and America*, Massachusetts: Harvard University Press, 1952, p. 180.
（4）*Racovian Catechism*（English translation）, Amsterledam, 1652, p. 126.
（5）*ibid.*
（6）*ibid.*, pp. 122–123.
（7）*ibid.*, p. 134.
（8）*ibid.*, p. 135.
（9）*ibid.*, p. 136.
（10）*ibid.*, p. 163.
（11）A. W. Harrison, *Arminianism*, London: Duckworth, 1937, preface, p. 5.
（12）イングランドにおけるアルミニウス主義の興隆については、Nicholas Tyacke, *Anti-Calvinists: The Rise of English Arminianism c.1590–1640*, Oxford: Oxford University Press, 1987 等を参照。
（13）*Racovian Catechism*, p. 181.

（14）John Goodwin, *Redemption Redeemed*, London, 1651, p. 564.
（15）*ibid*., p. 432.
（16）*ibid*., p. 433.
（17）*ibid*.
（18）*ibid*., p. 434.
（19）*ibid*., p. 448.
（20）山田園子によれば、一六四〇年代以前のグッドウィンにはこの意志の区別がなく、彼の著作では『贖われた贖罪』においてはじめて見られるものだという。山田園子『イギリス革命とアルミニウス主義』（聖学院大学出版会、一九九七年）、二七八頁。
（21）J. Goodwin, *Redemption Redeemed*, p. 433.
（22）*ibid*.
（23）*ibid*., p. 436.
（24）但し、山田は、グッドウィンにおいて、罪をこの世に持ち込んだ悪魔という理解はあるものの、悪魔の位置づけが不明確であると指摘している。山田園子『イギリス革命とアルミニウス主義』二三一頁。
（25）Thomas Goodwin, *Of Christ the Mediator*, 1692, in: *The Works of Thomas Goodwin*, 1861–1866, reprinted by Tanski Publications, 1996, vol. 5, p. 108.
（26）*ibid*., p. 136.
（27）*ibid*., p. 175.
（28）*ibid*., p. 177.
（29）*ibid*., p. 184.
（30）*ibid*., p. 188.
（31）*ibid*., p. 189.
（32）*ibid*.

(33) Chad van Dixhoorn, 'Reforming the Reformation: Theological Debate at the Westminster Assembly 1643–1652', 7vols, Ph.D dissertation, University of Cambridge, 2004, vol.1, pp. 274ff.

(34) T. Goodwin, *Of Christ the Mediator*, in: The Works of Thomas Goodwin, vol. 5, p. 191.

(35) *ibid.*, pp. 303–304.

(36) *ibid.*, pp. 307ff.

(37) John Owen, *Vindicae Evangelicae*, 1655, in: William Goold ed., *The Works of John Owen*（以下、Works と表記）, vol. 12, pp. 419–455.

(38) John Owen, *The Death of Death in the Death of Christ*, 1647, Works 10, p. 259.

(39) *ibid.*

(40) *ibid.*, p. 261.

(41) *ibid.*, p. 262.

(42) J. Owen, *Vindicae Evangelicae*, Works 12, p. 413–415. cf. John Biddle, *A Twofold Catechism: The One simply called A Scripture Catechism, the other A Brief Scripture–Catechism for Children*, London, 1654, p. 68. なお、同じ主張は『ラコフ信仰問答』にもみられる。*Racovian Catechism*, p. 136.

(43) J. Owen, *The Death of Death in the Death of Christ*, Works 10, p. 263.

(44) *ibid.*, p. 265.

(45) *ibid.*

(46) *ibid.*, p. 268.

(47) *ibid.*, p. 269.

(48) 但し、グロティウスも、キリストの死の充足性を否定したソッツィーニ主義に反対する文脈で、solutio tantidem を主張している。

(49) Richard Baxter, *Aphorisms of Justification*, 1649, appendix, pp. 137ff. カール・トゥルーマンによれば、実際にトビアス・クリスプやジョン・ソルトマーシュらにこのような「永遠の義認」の傾向がみられるという。cf. Carl R. Trueman, *The Claims of the Truth: John Owen's Trinitarian Theology*, Carlisle: Paternoster Press, 1998, p. 207.

（50）例えば、Hans Boersma, *A Hot Pepper Corn: Richard Baxter's Doctrine of Justification in Its Seventeenth-Century Context of Controversy*, Vancouver: Regent College Publishing, 1993, 2004, p. 69 を参照。

（51）J. Owen, *The Death of Death in the Death of Christ*, Works 10, p. 268.

（52）*ibid.*

（53）*The Westminster Confession of Faith*, XI.IV（『信条集』後編［新教出版社、一九五七年］、二〇三頁）。

（54）John Owen, *The Death of Christ*, 1650, Works 10, p. 450.

（55）*ibid.*, p. 472.

（56）*ibid.*, p. 452.

（57）J. Owen, *The Death of Death in the Death of Christ*, Works 10, p. 268.

（58）Richard Baxter, *Universal Redemption of Mankind by the Lord Jesus Christ*, London, 1694, p. 63.

（59）*ibid.*, p. 33.

（60）*ibid.*, pp. 33–34.

（61）*ibid.*, p. 35.

（62）*ibid.*, p. 32.

（63）*ibid.*

（64）*ibid.*, pp. 425–426.

（65）*ibid.*, pp. 41–42.

（66）J. Owen, *The Death of Christ*, Works 10, p. 453.

（67）Brannon Ellis, 'Post-Reformation Dogmatics', in: A. J. Johnson ed., *T&T Clark Companion to Atonement*, London and New York: Bloomsbury T&T Clark, 2017, pp. 694–696.

（68）近藤勝彦『贖罪論とその周辺』（教文館、二〇一四年）二一二－二一三頁。

(69) 例えば、近藤勝彦『贖罪論とその周辺』第二部第二―三章を参照。
(70) 例えば、佐藤敏夫『救済の神学』(新教出版社、一九八七年)二八頁を参照。
(71) John Owen, *Pneumatologia*, 1674, Works 3.
(72) 拙論「ジョン・オーウェンの三位一体論的神学における自由の理解――キリスト者の自由とその教会論並びに寛容論への影響」(博士論文、東京神学大学、二〇一三年)及び「一七世紀イングランド・カルヴィニズムにおける義認論――ジョン・オーウェンの場合」『伝道と神学』7号(東京神学大学総合研究所、二〇一七年)を参照。

第五章　人権法制化に与えた信仰復興運動の影響

森島　豊

1　人権法制化と宗教的要素

本章では、人権理念の法制化過程に宗教的要素があることを明らかにし、特にプロテスタントの贖罪信仰に基づく信仰運動の働きがアメリカの建国の父祖たちに影響していたことに注目する。

人権の法制史的研究により宗教的要素があることを広く知らしめたのはゲオルク・イエリネックである(1)。彼は「人権を法律として宣明することが信教の自由に起因する(2)」ことをロジャー・ウィリアムズを通して歴史的に検証し、その思想が一八世紀に広くアメリカに普及し、アメリカ諸州の憲法の中に初めて実現したことを実証的に明らかにした。そしてその理念を遡ったときに、「生来の不可譲の人権という観念が、まず最初に、改革派教会とその分派の内部における政治＝宗教闘争の中で人々に決定的な力を与えるものに成長していった(3)」ことを指摘した。「普遍的な人権を法律によって確立せんとする観念の淵源はアメリカのイギリス植民地における信教の自由である(4)」としたイエリネックは、それが「政治的なものではなく、宗教的なものである。……実は、宗教改革とその戦いの結果なのである(5)」と結論した。その宗教改革の中でもカルヴァンを重要視して、「私は《人権宣言》の起源をルターにあるとしたのではなく、カルヴァンにあるとしたのである」[6]と述べている。

カルヴァンは、国家権力からの教会の信仰上の独立を要求したことにより、教会と国家の関係におけるルターの二統治説の限界を克服した。特に重要なのは、君主や国家に対する抵抗権を認めたことである。カルヴァンは、国家や君主は神によって制定されたものであるから、たとえ悪しき支配者であっても服従すべきであると考える。[7]けれども、「もしかれらが、神に反逆して何かを命令するならば、われわれはそれを決して認めてはならない」[8]と述べて、神意に背き、神への服従から離れさせるものには抵抗すべきことをはっきりと示したのである。[9]これは「民衆の自由の擁護者」として下位の官憲職にある者に課せられた責任であるが、[10]論理的に言えば人民主権に行き着くもので、トレルチは「この狭い橋の上を歩んでカルヴィニズムは、フランス、ネーデルラント、スコットランド、イングランドの偉大な闘争において、民主主義、人民主権、そして諸個人による合理的な社会構成というラディカルな自然法を創り出すまでに至った」と述べている。[11]

神への服従が人間である支配者への義務より上にあることを根拠とする抵抗権の思想は、後のイギリスのピューリタンたちにも継承され、生まれながらの人権という考えを伴って宗教的根拠に基づいて表現された。[12]イギリス宗教改革により始まる英国国教会は、政治的要因で進められた側面が強いので、教会の内実は従来のカトリック教会の在り方と近似していた。そこでイギリスにおける宗教改革の徹底を求めたピューリタンたちの運動は、最初は教会改革運動として出発したが、エリザベス一世を始め国王による国民的礼拝様式の統一によって弾圧され、それに抵抗する形で信教の自由を求める運動へと変化した。[13]その運動は当初大学人たちによる「政治運動」であったが、これが挫折して「説教運動」へと転向し、その理念が民衆の中へと浸透していった[14]。そして弾圧の中で自分たちの信仰の自由を求めるこの動きが、英国人の権利を求める運動と結合しながらピューリタン革命へと進んでいったのである。

イエリネックは、この歴史的文脈の中で二つの動きに注目する。一つは、一六四七年ピューリタン革命戦争の最中に開かれた革命軍内部の「パトニー会議」に提出された憲法草案『人民協約』である[15]。ここには信教の自由、強制的兵役の拒否、内乱中の言論の免責、法律適用の平等などの「生得の権利」が宣言されていた[16]。特に注目すべきなのは、この会議の中で、「イングランドで最も貧しい人といえども、最も大いなる人と同様に、生きるべき生命を持っていると本当に思う[17]」という発言にあるように、生まれながらの権利が主張されることである。人間の生まれながらの権利へと発展していく文柱になっているのは「神の法」あるいは「自然法」であった[18]。したがって、国家権力であろうとも侵害することのできない個人の自由や信教の自由の権利の法案は、宗教的基礎づけをもってして主張されていたのである。

イエリネックが『人民協約』以上に注目しているのが、ピューリタン的宗教原理によって北アメリカ諸州に展開した憲法である。特に重要視したのが、インディペンデント派のロジャー・ウィリアムズである[19]。初期アメリカ植民地に移り住んだ人々は、宗教的な理由で被ったイギリスでの迫害経験を忘れ、自分たちの宗教原理と一致しない者に対して不寛容に対処した。ウィリアムズは、これに対してキリスト者以外の者も国家においては同等の市民的政治的権利を持つべきであると主張した。植民地政府の悩みの種であったウィリアムズは一六三六年に植民地から追放処分を受け、先住民に助けられながら彼らから譲渡された土地に新植民地プロヴィデンス（providence）を建設する。そこで入植者たちと交わした契約に、歴史上初めて信教の自由と政教分離の原則が明記されていた。[20] イエリネックが言うように、「宗教上の信念についての無制限の自由が……まったくもって熱烈な宗教心を持った一人の人物によって、これが承認された[21]」のである。

この信教の自由の原理は他の植民地においても承認されるようになり、生まれながらの権利概念を伴って発展していった。[22] 特に一七七六年のヴァージニア州憲法は他のすべての州の憲法や「独立宣言」の模範となった。[23] ここには信教の自由や生命、自由、財産の「生来の権利」以外に、抵抗権・革命権、法の下の平等、言論出版の自由などが定められていた。[24] さらにペンシルヴァニア州の憲法においては、宗教による差別がないことと、[25] これらの自由が「将来永久に侵されてはならないし、この条項の文言はいかなる点においても変更されてはならない」と「一種の永久に有効な法」の力が付与されていることが宣言されている。[26]

イエリネックは、このようにして「生来の神聖な諸権利を法律によって確定せんとする観念は、その淵源からして、政治的なものではなく、宗教的なもの[27]」であり、「福音が告知したものなのである[28]」ことを明らかにして、その歴史的生成過程に「宗教的確信というエネルギー[29]」があることを明らかにした。

2　信仰復興運動と理神論者への影響

ところで、ロジャー・ウィリアムズの入植誓約書から人権項目を明記した「ヴァージニア州憲法」や「アメリカ独立宣言」までには約一三〇年の隔たりがある。この間いったい何があったのかに注目しながら、人権理念の法制化に至らせた「宗教的確信というエネルギー」を明らかにしたい。

この期間に、理神論が流行り、啓蒙主義的な合理性を重んじる考え方がアメリカ大陸に入っていた。後のアメリカ建国の父祖たちは、人権理念の法制化を実現したが、彼らが理神論の影響を多く受けていたので、そこに宗教的要素があることを疑う立場もある。たとえば、人権思想史において極めて重要な「アメリカ独立宣言」を起草したジェファソンなどは、その信仰に関しては疑わしいところが多くあった。創造主の前での万人の平等を唱えながらも、自らは広大なプランテーションを所有し、数百人の黒人奴隷を使用し、そのうちの一人の女性と関係をもって子供を産ませたことが知られている。また彼が創設したヴァージニア大学に神学部がなく、構内に礼拝堂をつくらなかったことも、宗教的要素がなかったという考えを助長している。実際に建国の父祖たちは聖書よりもジョン・ロックから多くの影響を受けていた。したがって、たとえ文言に「神」や「創造主」が入っていても、それを形式的なことと考える者が多くいるのである。

それでは、形式的に挿入されたと思える宗教用語は、人権理念の法制化における宗教的要素の否定につながるのだろうか。歴史を紐解いていくと、実際に宗教的関心のない人々を通して人権が法制化されていく過程がある。当初は宗教的理念から生まれた動きが、時代を経るに従い、非宗教的な世俗の領域で展開されるので、研究者の間では宗教的要素に懐疑的になる者がいる。特に法の制定は政治的要素と深く絡み合うので、当然の印象かもしれない。けれども、当事者たちの自覚を超えて、キリスト教的文化価値が社会に浸透し、潜在的な仕方でキリスト教思想が人権形成に影響を与えていることがあるのである。その一つの例証が、信仰復興運動の影響である。

3　イギリスとアメリカの信仰復興運動

一七〇〇年代、産業革命という社会生活の変動と自由主義的傾向が蔓延る中で、一種の宗教運動のような現象がイギリスとアメリカに現れた。この現象の要因の一つは、理性の時代を起こした理神論(deism)と自由主義の影響に対する反動からきている。

一七世紀から一八世紀にかけて、理性のみによる神認識を主張する理神論が起こった。その発端は、一般的に聖書の奇跡物語を合理的に解釈したジョン・トーランド(一六七〇－一七二二)から始まったと見られているが、それ以前に自然理性や啓蒙思想がこれに影響を与えていたとも考えられている。たとえば、アイザック・ニュートン(一六四二－一七二七)の『自然哲学の数学的諸原理』が一六八七年に刊行された。自然法則が世界の出来事を解明する鍵だとする彼の主張は、機械仕掛けの新しい世界観を提供した。神学の分野でも、広教会運動の父コールリッジ(一七七二－一八三四)によって、カント、シュライエルマッハー、ヘーゲルなど大陸の影響がイギリスに紹介された。新しい思想はアメリカにも渡る。これらの科学的合理的思考が教会の信仰や聖書の解釈に影響を与える中で、人々の信仰は情熱を失い始めていた。これに産業革命による機械的な生活への変化がさらに拍車を掛けた。多くの人々は、教会から離れ、あるいは自主的に制度的教会から自由になる環境を求めたのである。

けれども、理性の時代は、同時にその反動を起こした。合理的に機械的な存在として生活を送る者は、生物学的に心臓が動いているけれども、人間として魂が生かされていないと感じるようになった。人々は全また、アメリカへ大量に移住してきた人々は、新しい不安な土地で魂の平安を求めていた。人々は全人格的な救いの確かさを求めていたのである。枯渇した魂は、まるで眠りから覚めるかのように信仰復興運動となって現れた。理性の時代は、同時に情熱的な信仰復興運動の時代でもあるのである。

この魂への救いを求める動きに応えるものとして、イギリスとアメリカに似たような信仰復興運動が起きた。イギリスの運動は、ジョン（一七〇三－一七九一）及びチャールズ（一七〇七－一七八八）というウェスレー兄弟によって始められ、「メソジズム運動」とも呼ばれていく。ちなみに、日本の青山学院や関西学院はこのメソジストの伝統を受け継いでいる学校である。アメリカの運動は、ジョナサン・エドワーズ（一七〇三－一七五八）とホイットフィールド（一七一四－一七七〇）によって始められ「大覚醒」と呼ばれている。両者とも説教運動であった。さかのぼれば両者ともピューリタンの影響を受けている[30]。彼らは教会の外に出かけて行き、市場や広場で説教した。イエス・キリストの十字架による贖いの恵みを、聖書に基づいて説教することで、救いの確かさを求める心に応えたのである。社会的な激動の時代にあって既成宗教に飽き足らず、また政治運動や労働運動にも関わり得ない人々は、心の安らぎを求めて彼らの説教を聞きに来たのである。

彼らの説教には人の心を動かす力があった。たとえば、実利家で一〇〇ドル札の肖像としても有名なベンジャミン・フランクリンは、献金で一セントも出すものかと決め込んでいたにもかかわらず、ホイットフィールドの説教を聞いて、ポケットの中のお金をすべて捧げたほど心を奪われたという逸話がある[31]。彼らは確かにレトリックに長けていたが、それだけではこの現象は起きない。もっと深く魂に触れるものがあったのである。一言で言えば、説教を通して神に愛されている自己を発見する経験をしたのである。そこでは常にピューリタンたちが重視したキリストの十字架が語られていた。ホイットフィールドは次のように述べている。「十字架のもとにあるときほど牧師たちが優れたものを書き、優れた説教をすることは決してなかった。……前世紀のピューリタンをあのように燃えて輝くあかりとしたのは、明らかに十字架である[32]」。ピューリタン説教者たちは「若者たちよ、もし何か良い働きをしようと思うのならば、キリスト・イエスにおける神の無償の恵みの福音を説教しなければならない[33]」と教えられ、その使命に生きた。ジョナサン・エドワーズは、そのような福音的説教を聞いた時の経験を、妻の体験を例証として、次のように報告している。

　魂は、光と愛、まったく言葉にならないほどの魂の甘美な慰め、憩いと喜びに、まるで完全に圧倒され、飲み込まれてしまったかに思われた。……福音に啓示された大いなる事柄の、ある真理性に対する非常に大きな感覚、すなわち、贖いの御業とイエス・キリストによる救いの道の栄光に対する圧倒的感覚があった[34]。

この体験を一言で言うと、説教による「キリストの突き抜けた愛[35]」の経験である。生きる価値もないと思える自分のために命を捨てられた神がおられる。その神が今共に生きておられる。このメッセージは人間の歴史の中で革命的な力を持っていた。普通ならば、神のために人間は死ぬと考える。日本でもかつては、「神」のために死ぬことを求められた歴史がある。それが美徳とされ、第二次世界大戦へと突き進んでいった。ところが、聖書が語っていることは、人間のために死ぬ神がいるという。それが「あなたの神である」というメッセージなのである。このメッセージは、無価値な人間はいないという新しい人間観を生み出した。[36] 人権の確立につながる人間観を生み出す信仰が、神に愛されている事実を通して、聖書の言葉を語りかけられることによって体験されていったのである。

この体験は、神が生きておられることを実感することでもあった。彼らは、目で見ることのできない魂の体験を、聖霊の賜物という仕方で表現した。[37] しかし、実証することのできない魂の体験を主張することには危険が伴う。この現象に乗じていかがわしい予言者があらわれるのもこの時期である。たとえば、ジョアンナ・サウスコットという農民の娘は、メソジストであったが、一七九二年啓示を受けて予言をはじめ、それを信じるものに彼女のサイン入りの封印書を渡し始めた。これは一種の魔除けとして人気を呼び、最終的には二万通（一一万通という説もある）発行したと言われている。[38] 似たような現象は日本でも近年スピリチュアル・ムーブメントと言われるものが流行ったことに現れている。極めて理性的だと自称する日本人が、パワー・ストーンやパワー・スポットと呼ばれるところに喜んで出かけて行き、占い師の番組がゴールデンタイムを飾ったこともある。今でも週刊誌を見ればこの手の宣伝広告は沢山見受けられる。これも現象としては似ており、理性と合理性を重んじる社会の中で、魂に飢え渇きを求める人々が、合理性を超えた神秘的な領域に憧れを持つのである。けれども、その類の現象は、時代を超えて歴史をつくる力を持っていない。メソジズム運動や大覚醒運動がそれらと異なって評価される理由の一つは、歴史を超えて社会的影響力を持っていたことにある。その力がどこから来ていたかと言うと、聖書的であることと倫理的であることが、不可分の関係として成り立っていた信仰によるのである。その信仰こそがキリストの十字架による贖罪信仰である。

4　信仰復興運動の人権法制化への影響

A　メソジストの影響

極めて個人的な救いの体験を与えた信仰復興運動は、社会的な倫理的実践へと人々を自発的に動かした。先ほどのフランクリンの行動に見られるように、説教は聴衆の心に訴えかけ、自発的行為を起こさせるのである。これはマインド・コントロールとは異なる。理性を失うのではないのである。理性を重んじる人間が、神の愛に触れて、自由な意志で自発的に行動したのである。

ウェスレーはこれを「キリスト者の完全」という教理で伝え、この名の書物も出版した(39)。ここで言う「完全」とは、神の完全な愛において成り立つ人間の神と他者への愛を意味している。この完全は、信仰によってのみ受け取られ、瞬間的に与えられるものだと主張された。この宗教的体験を「回心（コンヴァージョン）」と呼んでいる。それは生き方や人生の目的が正反対に向かう（コンヴァーズ）ことを意味している。たとえば、有名な人物で「アメージング・グレイス」を作詞したジョン・ニュートン（一七二五－一八〇七）がいる。彼は黒人奴隷を運ぶ奴隷船の船長をしていたが、嵐の中で回心し、後にウェスレーやホイットフィールドに出会って牧師となる。一説によると、この歌詞のメロディーは、アメリカ南部の黒人奴隷たちが働きながら口ずさんでできたと言われている。自分たちを売った奴隷船の船長の歌詞を彼らが歌うこと自体「驚くべき恵み」である。ニュートンはその後、ウィリアム・ウィルバーフォース（一七五九－一八三三）にも影響を与えたことで知られている。ウィルバーフォースは二〇年間の戦いの末、一八〇七年奴隷貿易を廃止する法案を可決させた。そのウィルバーフォース自身、回心を経験した人であった。他にも、社会問題に対する政治政策に信仰復興運動の影響が見受けられる。たとえばイギリスにおいて、奴隷制度廃止（一八三三）、工場法（一八三三）、一〇時間労働法（一八四七）、公衆衛生法（一八四八、一八五七）、教育法（一八七〇、一八七六）などの、労働条件・衛生状況・教育環境の改善の法の制定にはこの運動が関わっている。これらの改善運動に特徴的なことは、この主張が貧困層によってではなく、主として比較的裕福な階級による願いから来ていたことである。彼らは信仰復興運動の影響を受けた世代だったのである。(40)

これは歴史的に新しい展開を物語っている。人権理念はこれまで支配される側から主張されてきた。ところが、支配する側の身分から人権を確立させるための積極的な運動が起きたのである。この政治的動向の根底には社会的に浸透した宗教的動機が影響しているのである。イギリスのバーミンガムで社会的影響力を持っていたロバート・ウィリアム・デール（一八二九－一八九五）は、この動きが「教会がキリストから受けとめ、世界が教会から受けとめた、全ての人間に対する敬意」(41)から来ていたと主張している。この「すべての人間に対する敬意」という理念は、アメリカにおいても発揮され、「神の前では万人が平等だ」という理解を民衆に浸透させていく。

B　大覚醒の影響

イギリスとアメリカの運動の違いは、メソジズム運動が新しい教派を生んだのに対して、大覚醒運動はアメリカという国の精神を生み出したところにあるかもしれない。大覚醒は、アメリカ社会の民主化への道ぞなえになった。回心体験は身分や地位に関係なく、男も女も、学位の有無にかかわらず、すべての人に可能であると認められた。神の恵みは研究するものではなく体験されるものであり、難解な神学的な知識など不要であった。したがって、この運動は教派の枠を越え、植民地の領域を越えて広がっていく性格を持っていた。たとえば、大きな影響を与えたホイットフィールドは次のような逸話を残している。

〔信仰の〕父、アブラハムよ。あなたは誰と天国にいるのですか？　聖公会の人ですか？　いいえ！　長老派の人ですか？　いいえ！　独立派や分離派の人がいますか？　いいえ！　メソジストはいますか？　いえ、いえ、いえ！　そこには誰がいるのですか？　ここでは、そのような名の人々は知りません。ここにいるすべての人はキリスト者です。(42)

あらゆる立場を超えて神の前に立つ一人の人間の自覚を与えたこの運動は、不平等な現実に生きる民衆の心に届いた。アメリカ研究者の森本あんりは、野外の大衆伝道集会に二万人の人が集まったというホイットフィールドによる記録を紹介している。(43)町全体が宗教的高揚を見せ、酒場に人が集まらず、教会に人が溢れたと言う。この運動は回心体験を重視し、巡回説教を基本的活動としていたが、その形式をとったのは町の体制を支配している既成教会の牧師が彼らの活動を許さなかったからである。イギリスのウェスレーも、聖職者として認められていない信徒伝道者を説教者として派遣することがあったが、アメリカではイギリス以上に組織化されていなかったため、身元がよくわからない説教者がいた。その中には学位もなく、教会で牧師に任職されたわけでもなく、ただ個人的な信仰の確信を頼りに巡回する者もいたのである。したがって、町の当局は秩序を乱す存在として、彼らの動きを警戒したのである。

けれども、彼らの説教は人々の魂を深く慰めるものであった。ハーバードやイェールを出た既成教会の牧師たちは、二時間にわたる教理的な内容を説教した。そのような説教に辟易としていた人々は、平易な言葉で「あなた」と人格的に語りかけてくる言葉に深く慰めを感じていたのである。(44) もう少し説明しておくと、当時ロジャー・ウィリアムズのように政教分離を国是とする植民地も幾つかあったが、多くの植民地では町の政府と教会が結びついていた。政府がある教会を定めると、その教会への出席を義務付けていたのである。したがって、非公認の教会の設立や説教者には弾圧が加えられた。しかし、これはピューリタンが戦ってきた信仰の原理と矛盾することであった。したがって、非公認の福音説教者の中には逮捕・投獄・鞭打ちのような刑罰を恐れず、抵抗する者が現れるのである。しかも、彼らの公開処刑は、かえって民衆の心を動かすものとしてアッピールしたのである。

これら説教運動の担い手の中から、信教の自由を訴える者たちが現れる。たとえば、非公認の教会を設立したかどで罰せられたソロモン・ペイン（一六九八－一七五四）は、一七四八年に「良心の自由は神に与えられた平等で不可侵の権利である[45]」と主張している。アメリカでは「良心の自由」と「信教の自由」はほぼ同義で使われていたので[46]、信教の自由という平等の権利が、民衆や後のアメリカ建国の父祖たちに浸透していくのである。こうして神に与えられた平等の意識は、州を超えてアメリカ社会の共通の価値として、目に見える仕方で経験するようになった。人権理念を法制化したアメリカ建国の父祖たちは、けっして宗教的に熱心であったわけではなく、むしろ理神論的な傾向があったが、福音説教者たちへの迫害の様子に憤りを感じ、合理性を重んじる観点からも、平等の原理を強く意識するようになり、イギリスからの独立に合わせて人権の法制化へ向かった。そこで彼らが根拠としたのは、「アメリカ独立宣言」が語っているように、聖書が証しする「創造主[47]」であった。このようにして、人間の生まれながらの平等、抵抗と革命の権利は、宗教的な根拠によって主張されたのである。この有名な「アメリカ独立宣言」が、日本の明治期における自由民権運動家たちに多くの影響を与えていくのである。

注

（1）Georg Jellinek, *Die Erklärung der Menschen- und Bürgerrechte*, vierte Auflage, München und Leipzig, 1927. イエリネック対ブトミー『人権宣言論争』（初宿正典編訳、みすず書房、一九九五年）に収録。

（2）『人権宣言論争』一〇頁。

（3）『人権宣言論争』一〇頁。

（4）『人権宣言論争』八六頁。

（5）『人権宣言論争』九九頁。

（6）『人権宣言論争』一八八頁。

（7）カルヴァン『キリスト教綱要』Ⅳ／2、渡辺信夫訳、新教出版社、一九七一年、二五七－二五八頁参照。カルヴァン『ローマ書』カルヴァン新約聖書註解七、渡辺信夫訳、新教出版社、一九五九年、一三章一節参照。

（8）カルヴァン『キリスト教綱要』Ⅳ／2、一三一頁。

（9）カルヴァンの思想と人権思想との関係については以下のものが参照できる。J. B. Torrance, "Interpreting the Word by the Light of Christ", in R. Schnucker (ed.), *Calviniana* (Kirksville, Mo., 1989) 255–267.

（10）カルヴァン『キリスト教綱要』Ⅳ／2、二六六頁。「一私人ではなくて、今日、人民を擁護するために、王たちのほしいままを抑制する官憲が立てられているならば、……これらの官憲が、職務上王たちの凶暴なわがままを断ち切るのを、私は決して禁じない」（二六五頁）。

（11）Ｅ・トレルチ『キリスト教と社会思想』「ストア的＝キリスト教的自然法と近代的世俗的自然法」トレルチ著作集7巻、ヨルダン社、一九八一年、二六二頁。トレルチ「近代世界の成立に対するプロテスタンティズムの意義」『プロテスタンティズムと近代世界Ⅰ』トレルチ著作集八巻、堀孝彦訳、ヨルダン社、一九八四年、八五－八八頁参照。カルヴァン以降の抵抗権の思想的発展については、以下のものが参照できる。Cf. Bodo Nischan, "Confessionalism and Absolutism: the case of Brandenburg" in *Calvinism in Europe, 1540–1620*, eds. Andrew Pettegree, Alastair Duke, Gillian Lewis (Cambridge: Cambridge University Press, 1994) 197–204. A. E. McGrath, *A Life of John Calvin* (Oxford: Blackwell Publishers, 1993) 186–188. Ａ・Ｅ・マクグラス『ジャン・カルヴァンの生涯　下』芳賀力訳、キリスト新聞社、二〇一〇年、一一七－一二一頁参照。

（12）トレルチは、イエリネックの『人権宣言論』の研究を「本当の啓発的な発見」と評価し、その宗教的基礎づけとなっているピューリタニズムを「カルヴァン派的概念ではなく、【再洗礼派である。↓《ママ》】神の大権の不可侵性についての古いカルヴァン派の理念と融合した、再洗礼派的＝自由教会的で、そしてスピリチュアリスティックな＝主観主義的諸理念の総括概念」であると指摘している。トレルチ「近代世界の成立に対するプロテスタンティズムの意義」九〇頁。

(13) ピューリタニズムについては以下を参照。大木英夫『ピューリタニズムの倫理思想』新教出版社、一九六六年。大木英夫『ピューリタン――近代化の精神構造』聖学院出版会、二〇〇六年。

(14) 大木英夫『ピューリタニズムの倫理思想』六一頁参照。

(15) 『人権宣言論争』八八頁以下参照。パトニー会議については、その詳細な議事録が解説付きで邦訳されている。『デモクラシーにおける討論の誕生――ピューリタン革命におけるパトニー討論』大澤麦、澁谷浩訳、聖学院出版会、一九九九年。また、このパトニー会議から人権理念の発生・成立を考える研究に大木英夫『人格と人権　下』がある。

(16) 『デモクラシーにおける討論の誕生』三四七-三四九頁参照。

(17) 『デモクラシーにおける討論の誕生』一七六頁。

(18) 「イングランドの最も卑しい人が、最も大いなる人と同様に、この恵みを享受することを妨げているのは神法であるか、さもなくば、人定法であるに相違ない。神法の中には、一人の貴族が二〇名の自治都市選出議員を選出し郷紳は僅か二名、貧民はなし、といったことなど全く見いだされない。自然法や諸国民の法の中でもそうだ」。『デモクラシーにおける討論の誕生』一八一頁。

(19) ロジャー・ウィリアムズについては以下を参照。久保田泰夫『ロジャー・ウィリアムズ――ニューイングランドの政教分離と異文化共存』彩流社、一九九八年。森元あんり「ロジャー・ウィリアムズに見る政教分離論の相剋」『歴史の中の政教分離――英米におけるその起源と展開』大西直樹、千葉眞編、彩流社、二〇〇六年。

(20) 久保田泰夫『ロジャー・ウィリアムズ』九二-九三頁参照。この誓約書の末尾にある「非宗教的な事柄に限る（only in civil things）」という文言により、ロジャー・ウィリアムズは信教の自由と政教分離の原則を明文化した史上初の人物としてその歴史的功績を残すことになった。

(21) 『人権宣言論争』九〇頁。

(22) 『人権宣言論争』五三頁参照。

（23）第三条「政府というものは、人民、国家もしくは社会の利益、保護および安全のために樹立されている。あるいはそう樹立されるべきのものである……いかなる政府でも、それがこれらの目的に反するか、あるいは不じゅうぶんであることがみとめられた場合には、社会の多数のものは、その政府を改良し、変改し、あるいは廃止する権利を有する。この権利は、疑う余地のない、人に譲ることのできない、また捨てることのできないものである。ただし、この〔権利の行使〕の方法は公共の福祉に最もよく貢献し得ると判断されるものでなければならない」。『人権宣言集』高木八尺、末延三次、宮沢俊義編、岩波書店、一九七〇年、一〇九頁。

（24）第一二条「言論出版の自由は、自由の有力なる防塞の一つであって、これを制限するものは、専制的政府といわなければならない」。『人権宣言集』一一一頁。

（25）「神を信ずる者は、何びといえども、いかなる方法によるものであれ、宗教的行為を強制され、またはその他いかなる不利益も受けることもない」。『人権宣言論争』九八頁。

（26）『人権宣言論争』九六頁。

（27）『人権宣言論争』九九頁。

（28）『人権宣言論争』九八頁。

（29）トレルチ「近代世界の成立に対するプロテスタンティズムの意義」九〇頁。

（30）ピューリタニズムと信仰復興運動の関係については以下を参照。Robert C. Monk, *John Wesley: His Puritan Heritage* (New York: Abingdon Press, 1966). John A. Newton, *Methodism and the Puritans* (London: Dr. William's Trust, 1964). ジェームズ・I・パッカー『ピューリタン神学総説』松谷好明訳（一麦出版社、二〇一一年）四一－五九頁。

（31）『フランクリン自伝』松本慎一、西川正身訳（岩波文庫、一九五七年）一六九－一七二頁参照。

（32）George Whitefeld, *The Works of the Reverend George Whitefeld*, vol. IV (Lndon: Printed for Edward and Charles Dilly, 1771) 306.

（33）Goodwin, *The Works of Thomas Goodwin*, Vol. 2 (Edinburgh: James Nichol, 1861) lxxi.

(34) Jonathan Edwards, *The Works of Jonathan Edwards* (Edinburgh: The Barnner of the Truth Trust, 1834) 376–377.

(35) Edwards, *The Works of Jonathan Edwards* 376.

(36) パッカー『ピューリタン神学総説』二九－三〇頁参照。

(37) Cf. Mark K. Olson, *John Wesley's 'A Plain Account of Christian Perfection' The Annotated Edition*, (United State: Alethea in Heart Ministries, 2005). パッカー『ピューリタン神学総説』二七頁参照。

(38) Cf. J. K. Hopkins, *A Woman to Deliver Her People: Joanna Southcott and English millenarianism in an era of revolution* (Austin: University of Texas Press, 1982) 77–104. Cf. E. P. Tompson, *The Making of the English Working Class* (Harmondsworth, Penguin, 1968) 424. 浜林正夫『イギリス宗教史』(大月書店、一九八七年) 二〇〇－二〇三頁参照。

(39) Mark K. Olson, *John Wesley's 'A Plain Account of Christian Perfection' The Annotated Edition.* ジョン・ウェスレー『キリスト者の完全』藤本満訳 (インマヌエル綜合伝道団、二〇〇六年)。

(40) 信仰復興運動と社会倫理の関係のより詳細な考察については、拙著『フォーサイス神学の構造原理――Atonementをめぐって』(新教出版社、二〇一〇年) を参照せよ。

(41) R. W. Dale,"Christ and the State" In *Fellowship with Christ* (New York: A. C. Armstrong & Son, 1891) 209.

(42) Albert David Beldon, *George Whitefield, The Awakener*, 2d ed. (London: Rockliff pub. Corp., 1953) 240.

(43) 森本あんり『アメリカ的理念の身体』二〇七頁、森本あんり『反知性主義』(新潮選書、二〇一五年) 七九－八〇頁参照。

(44) パッカー『ピューリタン神学総説』二五、五五－五九頁参照。

(45) Solomon Paine, "Apology", *A Short View of the Difference Between the Church of Christ and Established Churches in the Colony of Connecticut, in Their Foundation and Practice, with Their Ends: Being Discovered by the Word of God, and Certain Laws of Said Colony, Called Ecclesiastical* (Newport, 1752)

9. 森本あんり『アメリカ的理念の身体』（創文社、二〇一二年）七四頁より引用。
(46) 森本あんり『アメリカ的理念の身体』七六頁参照。
(47)「独立宣言」『アメリカ革命』アメリカ古典文庫一六、斎藤真訳（研究社、一九七八年）一三九頁。

第六章　atonement の神学的意味の変遷とその影響

森島　豊

はじめに

キリストの十字架による罪の贖いという神の恵みによる贖罪信仰は、個人的な信仰の深化だけでなく、歴史の中で信仰復興運動と結びついた社会改良運動を起こした。その現象が主に英語圏において現れた一つの理由は、産業革命による社会生活の変化がイギリスをはじめとする英語圏で生じたことが考えられる。同時に考えられるもう一つの理由は、贖罪信仰の英語圏における発達である。英語圏では贖罪という言葉を atonement と表記することが多い。この用語はあとで詳述するように英語圏で生まれた造語である。この独特な英語表記による贖罪信仰の受容と展開が、人権と結びつく社会的な活動を支える神学的基盤になった可能性が大きいのである。本章ではこの点に注目し、第一に atonement と英語表記された神学用語が辿った歴史とそれがもたらした混乱を明らかにし、またその原因を追及するとともに、第二にその結果明らかになった atonement の本来持っていた人格的関係概念の失われた経緯を辿り、またその概念の回復がもたらした影響を示唆し、その目によって人権法制化へと道を拓く社会改良運動とアジアへの伝道の思想的基盤に注目することにある。

贖罪論に関する英語圏の書物の多くは、表題に atonement という語を用いている。そして邦訳されると「贖罪論」あるいは「贖罪」とされることが多い。ところが、贖罪の訳語は redemption にも適用されている。「贖罪」という訳語が二つの英語に使用されている問題は日本語訳にだけ原因があるのでなく、そもそも英語圏において atonement の意味に多様性があり、明確にされていない可能性がある。事実 *Oxford English Dictionary*（以下 *OED*）にはこの言葉について次のような但し書きがある。「atonement は神学者達により、キリストの贖いの御業（redemptive work）に即して、その本質を言い表す見解に従い、和解や宥め（propitiation）や償罪（expiation）など様々な意味で用いられている」（傍点原書）[1]。多様な意味で用いられることになった原因の一つに考えられるのが、後で詳述するが、atonement がラテン語の「和解」の訳語として作られた英語であるにもかかわらず、その後この関係が失われたことにある。それが消極的に働いたのは、その言葉の多様性がむしろ意味を狭くする方向に動いたからである。例えば *The Interpreter's Dictionary of the Bible* の "Atonement" の項を担当したC・L・ミトンは次のように書いている。「"atonement" は元来『一致』や『和解』を意味した。ところが現代の用法において "atonement" は、和解の障害を除去することによって成し遂げられる目的よりも、和解の障害が除去されるプロセスという、より限定された意味を帯びるようになった」（傍点論者）[2]。ミトンはその原因を追究していないが、本章の目的の一つはその傾向をもたらした原因を探ることにある。

　贖罪に関する書物は多くあるが、この問題に注目して研究しているものはほとんどない。ロバート・S・ポールの *The Atonement and the Sacraments*[3] はその数少ない一つであり、興味深い考察をしている。彼の主要な関心事は「Atonementが教会に対して持つ意味」と、それが「神の言葉の説教とサクラメントを中心とする教会自身の命である礼拝」とどのような関係にあるかを問うことであるが、[4]その中でatonementの言葉の意味に注目している。ポールは辞書を通して、atonementが「一つになる（at one）」という表現から派生した「他者との和解」を意味する言葉であることを明らかにしたうえで、その起源を文学に求めた。[5]特にエリザベス朝ルネサンス文学の代表者であるシェイクスピアの作品にその発展過程を尋ね、和解の概念が「『協調性（togetherness）』の表現としてエリザベス朝時代に"at one"という言葉で伝えられ、それが次第に不和や闘争の後に求められる一致という人格的な関係性へと発展して行った[6]」と述べて、次のように結論している。「これが"at–one–ment"という英語理解が自然と生成してきた意味である。つまり、激しく命をかけてまで敵対し合う人々の責任者達による人格的な和解である。これが神学に取り入れられて、罪人が創造者に対して持つ関係性を変革されたキリストの御業を描写する概念となったのである[7]」。

ポールの考察は言葉の変遷を辿る上で刺激に富んでいる。さらにatonementという言葉が元来持っていた人格的関係概念の回復を目指すところに共感する。しかし、以下の点で彼の理解を批判しなければならない。第一に、atonementという用語がシェイクスピア以前にすでに使われていることに注目していないことである。第二に、彼の理解ではatonementが狭い意味で用いられた理由を十分に明らかにすることができないことである。ポールはatonementに和解の意味が失われた理由を、「聖書の翻訳のせいで起こった事柄ではなく、ある種の神学が広まって解釈が加えられた結果である[8]」と考えている。しかし、彼はジュネーブ聖書（GNV）と欽定訳聖書（KJV）にしか注目しておらず、両者が底本としたティンダル訳を視野に入れていない[9]。ティンダル訳を視野に入れずに先の理解を示すのには致命的な問題がある。なぜならば、atonementという言葉を最初に聖書に用いたのはティンダルだからである。しかも、ティンダルが和解という意味で最初に用いた個所をGNVとKJVは無視している事実がある（このことについては後で詳述する）。ポールは「古い版の英訳聖書〔KJV〕を翻訳した人々が、ユダヤ教の犠牲の背景にある考えを“atonement”という語で解釈した際、『和解』という意味が根本にあったことは疑い得ない[10]」と述べているが、それならば逆にティンダルが和解の意味で用いた個所になぜ“atonement”を用いなかったのか説明がつかないのである[11]。

したがって、本章ではむしろ問題が聖書翻訳の過程において、既に早い段階でatonementから人格的関係概念が失われる契機があったと見る。このことをまず語源に遡ってその変遷を辿っていくことにしたい。

1　atonementの語源

atonementという言葉は、先にも触れたが一五二六年にティンダルが聖書の翻訳で使った用語である。けれどもこの言葉自体はティンダルの造語ではない。これを最初に用いたのは、あのティンダルの論敵トーマス・モア（Thomas More: 1478–1535）である。モアは一五一三年、それを「和解」と同等の意味で次のように用いた。

「彼らがかつての不和をもっと心に留めるならば、それが彼らの新しい関係回復（attonement《ママ》）になるのである[12]」。

つまり、この言葉そのものはティンダル以前に既に用いられていたのである。したがって、ティンダルはその言葉を「神学的」に借用したと言えるだろう。

ティンダルがatonementを用いたことに関して、もう一歩立ち入った考察をしておこう。というのは、トーマス・モアの友人であるエラスムス（Desiderius Erasmus: 1466/67–1536）も、atonementという言葉を早くから用いていたのである[13]。そしてティンダルは、そのエラスムスのギリシャ語新約聖書第三版（一五二二）を用いて聖書を英訳した。さらに興味深いことに、ティンダルは一五一五年ケンブリッジで学ぶのだが、何とそこはその前年まで（一五〇九–一五一四）エラスムスが教鞭をとっていたところなのである。したがって、ティンダルがatonementという言葉を用いた背景に、エラスムスの影響があった可能性が非常に高くなるのである[14]。もちろん、“atone”という言葉が和解という意味で既に一一〇〇年代に使われていたことや[15]、ティンダルが後にエラスムスではなく、その論敵ルターから直接教えを受けたことを考慮に入れると、このことは可能性を示唆しただけに過ぎないかもしれないが、しかし、その可能性は非常に大きいと言えるのである。

いずれにしても我々が確認できることは、atonementという言葉を「神学的」に最初に用いたのがティンダルだと言うことである。聖書の翻訳には神学的な解釈を必要とする。彼は「和解」の訳語として採用したその言葉を、贖罪の思想に結びつけて用いたのである。このこと自体は非常に豊かな福音理解だと言える。しかし残念ながらその理解はそのまま継承されなかった。次にその原因を彼とその後の聖書訳から考察しよう。

2　英訳新約聖書における atonement

ティンダルはエラスムスのギリシャ語聖書を用いて新約聖書を英訳したのだが、そこでは atonement が三回[16]、atone が二回[17]使用されている（付録2参照）。その後一五三〇年にモーセ五書（一五三一年にヨナ書）を翻訳するが、そこではその言葉を六三回使用している。ここで大事なことは、彼がまず新約聖書を最初に訳して、そこでこの言葉を和解の訳語として用いたということである。つまり、彼には新約聖書の翻訳において、この言葉を使用するにあたり一定の解釈があり、その理解の下で旧約聖書の翻訳にこの言葉を用いたのである。その新約聖書における解釈であるが、ティンダルは第二コリントにおいて、欄外の注で次のように述べた。

「キリストにおける神と人間の関係回復（the atonement）は、使徒たちが説教する職務である[18]」。

さて、その後、一五六〇年にＧＮＶがティンダル訳を底本にして出版されたが、そこではこの言葉が旧約で五八回、新約で一回（ロマ五・一一）使用されている[19]。さらに一六六一年ＫＪＶがティンダル訳を参考にして出版されたが、その時は旧約で八一回、新約で一回（ロマ五・一一）使用された。[20] 興味深い点は、ティンダルが第二コリントで atonement と訳した言葉を、ＧＮＶもＫＪＶも採用しなかったということである。[21] つまりロマ書第五章一一節も第二コリントの個所もギリシャ語は同じ、仲の悪い者同士が関係を回復するという意味の καταλλαγή 及び καταλλάσσω であるが、ＧＮＶとＫＪＶはロマ書にしか atonement を用いなかったのである。しかも、ロマ書に atonement を用いたことには多くの批判がある。例えばメルヴィル・スコットはこれを「ひどい結果」だと酷評している。[22] 日本の藤原藤男も、この言葉が「二つのものが一つになることを意味する言であるから、この訳語が必ずしも不穏当とは言えないが、併し、atonement の語感は和解よりも贖罪にあるので、十分な意味で適当とは言えない[23]」と評している。ポールは atonement における関係概念の回復を願っていたので、これが和解を意味する事実を残してくれたと肯定的に評価しているが、ロマ書にこの言葉を用いたこと自体は「誤って取り入れられた」ものだと解釈している。[24] つまり英訳聖書はティンダルに倣って atonement を新約聖書で使用することに快く思わなかったのである。事実その後 *New King James Version* では新約聖書において atonement を全て取り去ってしまった。その他の聖書で第二コリント書の箇所を atonement と訳している英訳聖書は、論者が調べた限り一つもない。[25] ロマ書の方は、*The Webster Bible*（一八三三・以下ＷＥＢと略す）だけが atonement になっており、その他は reconciliation と訳されている。[26] また新約聖書で atonement が使用されているのは、先の聖書（ＫＪＶ、ＧＮＶ、ＷＥＢ）以外に New International Version/BR（一九八四・以下ＮＩＶと略す）と New Living Translation（一九九六・以下ＮＬＴ）だけなのであるが、どちらもティンダルとは異なる個所で新たにその言葉を用いているのである。[27]

さて、我々はこの傾向をどのように捉えたらよいのだろうか。一方でatonement論が神学界を支配する時代がありながら、他方で新約聖書における使用が消極的であり、しかもティンダルとは異なる箇所で用いられているのである。この理由は、藤原がいみじくも言い表したように「atonementの語感は和解よりも贖罪にある」という理解にあるのだろう。しかし問題は、元々「和解」の訳語であった言葉がなぜ「贖罪」に限定される解釈が起こったのかということである。我々はこのことをティンダルの旧約聖書におけるatonementの使用法を切り口として考察する。というのも、新約聖書と異なり、旧約聖書でのatonementの使用回数は、ティンダル以降年々増えているからである。したがって、ティンダル訳とGNVとKJVを比較しながらその使用の変遷を検討することによって、この傾向と原因を解明していくことにしよう。

3　英訳旧約聖書におけるatonement

ティンダル訳は、旧約聖書においてatonementを以下の訳語として用いている。覆い隠す、宥めるなどの意味を持つ כִּפֶּר（kaphar）が五八回[28]。平和、和解の献げ物という意味の שֶׁלֶם（shelem）が一回、受けなければならない罪の罰という意味の עָוֹן（avon）[30]が二回である。その中で特に כִּפֶּר が一番多く用いられているが、七十人訳はそれに以下の五つの訳語を当てている。「聖なるものにする」という ἁγιάζω（出二九・三三）。償い、贖罪、宥めと訳される ἐξιλάσκομαι（付録2参照）と ἐξιλασμός（レビ二三・二七）。宥めの供え物あるいは宥めの場所を意味する ἱλασμός（レビ二五・九）。身代金や贖いの手段を意味するλύτρον（民三五・三二）である。

さてGNV、KJVとの違いであるが、ティンダルはאָשָׁםとגָּאַלにもatonementを用いるが、GNVとKJVはכֹּפֶר（ἐξιλάσκομαι）にしかこの訳語を用いていない（付録2参照）。また同じכֹּפֶרでも、七十人訳がλύτρονと訳している箇所は、ティンダルだけがatonementとしている（民三五・三二）。したがって、GNV、KJVとティンダル訳との違いは、これら四つの箇所においてティンダル訳だけがatonementとしていることである（出三〇・一六、レビ二六・四一、四三、民三五・三二）。ここから分かることは、ティンダルが「和解の献げ物」、負うべき「罪の罰」、「贖いの金（身代金）」の訳語として用いたatonementをGNVとKJVが採用しなかったことである。つまりGNVとKJVは、罪の償いや贖いのための燔祭の儀式と関わるところでしかatonementという訳語を用いなかったのである。そしてその部分に限定して見れば、GNVとKJVは大体ティンダル訳に倣っているのである。

このことから次のように考えられないだろうか。ティンダルは、atonementを和解、あるいは神と人間との「関係回復」という意味で用いたのだが、その後旧約聖書の翻訳において和解をもたらす償いの生贄やその儀式にこの言葉を使用した。つまり新約聖書で用いた神との人格的な関係の回復を意味するこの言葉を、旧約聖書において燔祭の儀式で用いる生贄が意味する償いや贖いあるいは儀式そのものを表すのに用いたのである。キリストの御業が実現した神との和解を意味するatonementを、旧約聖書における神との和解をもたらす生贄の儀式に用いたことは神学的解釈である。けれども旧約聖書から順番に翻訳したであろう後の聖書訳者達は、その神学的意図を知らずにatonementを機械的に「償い」、「贖い」あるいは「贖罪の儀式」に限定して用いたと考えられる。もちろん、翻訳はグループに分かれて別々に行われたが、量的にも atonement の使用回数は旧約が断然多いので、ティンダルが最初に新約で用いた神との人格的関係概念を鑑みずに旧約の使用法に限定したと考えられるのである。その証拠にGNVとKJVは、新約聖書でティンダルが用いた箇所にその用語を採用しておらず[31]、「和解」に atonement を用いていないのである。

　このことは、今日の英訳聖書にも影響していると思われる。例えば、現代英訳の新約聖書で唯一 atonement を用いているNIVやNLTは、ティンダルが新約で用いた個所とは全く異なる所で、七〇人訳から入ってきた ἱλαστήριον、ἱλάσκομαι、ἱλασμός にこの言葉を当てて「贖罪」や「罪の償い」の意味で用いているが[32]、これは旧約聖書から来る翻訳の影響なのである。そのことは、NIVやNLTがこれらの言葉を ἐξιλάσκομαι と同じ意味で用いていることから明らかになる。この用法は、民数記五章八節の英訳において、ティンダルもGNVもKJVも七〇人訳の ἱλασμός と ἐξιλάσκομαι という二つの言葉を共に「贖罪」の意味で atonement と訳したことに顕著に表れている。つまりティンダル以降、新約聖書における atonement の用い方は、旧約聖書から来る翻訳の影響にあると言えるのである[33]。

　このことから現代においても atonement は、ティンダルが新約で用いた人格的な関係の回復ではなく、旧約聖書に顕著な使用法に従って用いられているのが大半であると言えるのである。実際 *OED* は atonement を「和解」という意味で用いることはもはや時代遅れのため、その意味では現在は使用できないとしている[34]。

4　英訳聖書とその影響

さて、atonementという用語に人格的関係概念が失われた原因を旧約聖書の使用法に限定する聖書翻訳の過程に見たのだが、この傾向を助長したと考えられる可能性に注目してみよう。イギリスの歴史家であるディケンズは、当時旧約聖書が熱心に読まれた傾向のあったことを示唆しているが[35]、それは興味深い。なぜならば、atonementが旧約聖書に顕著な使用法で捉えられる背後に、旧約聖書に関心を集めた当時の神学的傾向が影響していると考えられるからである。ディケンズはその傾向の原因を、聖書を自国語で読む契機となった英訳聖書の影響に見ており、それによって中世時代に広く知られていなかった「キリストによる救い（salvation）を強調した」「パウロ神学が普及した」ことにあると考えている[36]。ここではパウロ神学への関心が旧約聖書に向かわせたことについて立ち入った考察はしない[37]。しかし人々が聖書を自由に読み始めた時代に旧約聖書に注目が集まったことは興味深い事実である。このことは一方で旧約聖書に集中する読み方をもたらしたと同時に、他方でatonementを人格的な関係概念を持つ「和解」ではなく、罪からの「救い」として捉えた可能性が高いことを暗示している。

「和解」ではなく「救い」に関心が高まる事情をよく知るためには、背後にカトリックの存在があったことを考慮に入れなくてはならない[38]。ウィリアム・ハーラーは、ロード大主教やウィリアム・チリングワースを通して、この辺りの事情を具体的に紹介している[39]。当時の大きな問題は、「教会の外に救いなし」とするカトリック教会に対して、自分達の教会の正当性と救いの確かさを明らかにすることであった。このことと英国国教会が「聖書の権威の至高性」を主張したことは無関係ではない。ロード大主教は次のように言う。「真理は聖書の中に啓示されている。しかしその事実の証拠は聖書そのものに依拠している」[40]。だから聖書を読むことを勧めるのである。チリングワースも特定の教会ではなく、聖書の権威の至高性を主張して次のように言う。「真理は、聖書を通して神の光が魂の目を照らし出し、理性に啓示される。……それらはヘブル語やギリシャ語を学習した人だけでなく、英語を母国語として用いる一般の人々によっても発見されるのである。したがってどんな人でも、この教会であろうがあの教会であろうが、自分が救われている慰めの知識を持つことができるのである」[41]。そしてその救いとはキリストの御業による人間の罪からの救いであった[42]。ハーラーの言葉を借用すれば、「聖書において啓示されている人間の罪のためのキリストのatonementを信じる」[43]ことであった。この傾向はatonementに救済と同じ意味を持たせ、人格的な関係概念を失わせたと考えられるのである。

これは救済論における人格概念の欠如を主張するものではない。佐藤敏夫も紹介しているように、救済には人格的な救済理解と宇宙的救済とがある[44]。しかし当時のイギリスの宗教的意識の中では、救済は和解であるよりも、「神の国の民となるにふさわしい人間」と認められること、あるいは罪と呪いという不安からの解放が強かったと言えるのである[45]。

ところで、同じように旧約聖書に注目しながらも人格的要素を喪失しなかったグループがあったことを指摘しておきたい。それはピューリタンと呼ばれた人々である。ピューリタンの特徴は「聖書主義[46]」という言葉で表わされるが、その言葉が示す通り彼らも旧・新約聖書を熱心に読んだ[47]。ピューリタニズムの神学的特徴を「契約神学」で捉えて日本に紹介した大木英夫は、彼らの信仰が「神と人間との人格的関係[48]」にあったことを明らかにしている。大木は次のように言う。「ピューリタンの聖書主義は、決してファンダメンタリスト的聖書崇拝《ビブリオラトリ》とは違う。生ける人格的な神に対する信仰である[49]」。大木によれば、ピューリタン達は神と人間の関係を契約関係として捉え、その契約関係が成立するために新しい恩寵の契約にキリストによって与っていることを主体的に自覚していた。この感覚を有していた者は、atonementという言葉に、償いによる救済の要素が強くなったとしても、そこに神との人格的関係の回復があることを忘れなかっただろう[50]。たとえば、ピューリタニズムの本流を行く一九世紀の神学者P・T・フォーサイスは、ピューリタン達のことを次のように紹介している[51]。「昔のピューリタン達は……主体倫理的応答を回復するAtonement (moral Atonement) の信仰によって、事柄の中心に立脚していた。……彼らは、神をキリスト教的神とすることを理解していた。つまり、自由な恩寵だけでなく、高価な恩寵を捕えていたのである。それは、神の恩寵の自由だけではなく、神を神とする、神に対する無限の価値のことである[52]」。フォーサイスによれば「神を神とする」ことは、神が十字架のキリストによって人間を救う神であることが明らかにされることであった[53]。このことと、人格的な関係における自発的な応答行為を意味する主体倫理的応答の回復が結びついているのである[54]。つまり先のフォーサイスの言葉は、ピューリタンの信仰において、atonementに償いによる救済と、神との人格的な関係の回復が合わさって理解されていたことを明らかにしているのである[55]。

さて、我々は神学的影響によって以上のような考えに至ったが、ポールも指摘していたように、

atonement という英語表現そのものが人格的要素を全く喪失していたとは考えられないだろう。[56] なぜならばシェイクスピアなどは、これを人間同士の和解、あるいは関係の回復という意味で用いているからである。[57] さらにこの意味は、ＧＮＶに辛うじて残されていたように思われる。例えばレビ記二三章二八節や民数記一五章二八節で同じ言葉に reconciliation と atonement 両方を用いている。これは和解に atonement を当てたのではなく、贖罪に reconciliation を当てているが、いずれにしても両者を同意語のようにして用いている。そしてポールが例証として挙げていたシェイクスピアがＧＮＶを愛用していたことも、このことを裏付けるであろう。[58] さらに、旧約聖書学者のドライヴァー（S. R. Driver: 1846–1914）は、ポールと同様にシェイクスピアの例を挙げて、ＫＪＶも atonement に和解という意味があることを前提として考えていたと述べている。[59] したがって、当時の聖書訳者は atonement という言葉に、和解や関係の回復の意味があることを知っていたと考えられる。けれども、そのことが神学的考察にまで反映されていたかというと、疑問符をつけなければならない。

ドライヴァーは、atonement における「回復」や「修復」という概念は、近代イギリスにおいて発展してきたものだと考えている。[60] 本章の考察から述べると、それは聖書訳者とその影響を受けた神学者に atonement の神学的考察が伴っていなかったので、近代に至るまでその言葉の人格的関係概念が失われていたと言えるだろう。

近代において atonement に失われていた人格的関係概念を神学的に取り戻すことに貢献した人物は、キリスト教社会主義運動の思想的指導者Ｆ・Ｄ・モーリス（一八〇五–一八七二年）である。[61] モーリスは贖罪信仰を基盤にして、産業革命に伴う社会の問題の解決を目指して社会活動に取り組んだ人物である。この点で興味深いことは、モーリス以降（一九世紀後半から二〇世紀前半）英語圏の国々を中心にして、一方で贖罪論に関する学問的研究が白熱し、他方で贖罪信仰に基づく社会運動の関心が広く展開していくことである。たとえば、贖罪論研究においては、マクラウド・キャンベル、R・W・デール、R・C・モバリー、ジェームズ・デニー、P・T・フォーサイス、J・K・モズリーなどの人物が挙げられる。社会運動家においては、英国国教会内の運動として、モーリスから大主教ウィリアム・テンプルまでのキリスト教社会主義運動家、英国国教会外の運動として、ウイリアム・ブースなどの救世軍中心メンバー、ウォルター・ラウシェンブッシュなどの社会福音運動家たちが挙げられるであろう。

従来の研究では、贖罪論への神学的関心と社会運動という二つの動きは、教理的な研究と社会倫理的な研究として別々に考察されてきた。そして、特に贖罪論への関心が一九世紀末の英語圏で熱狂的になった理由を考察するものは少なく、むしろ当時の流行として見做される傾向が多い。けれども、atonement の言語学的歴史研究と神学思想史研究を通して考察すると、贖罪論研究への熱狂的関心と社会運動の発展は、atonement の神学的意味の再発見に一つの原因があると考えられるだろう。同様に、アジア宣教に向かったプロテスタント宣教師たちも彼らの神学に影響を受けており、贖罪信仰に基づく信仰的情熱に押し出されて伝道していた。彼らの多くは、社会的弱者の救済活動に取り組んでおり、困難な時には人権を法的に保障することへと政治的な働きかけをしたのである。

注

（1）“Atonement” *The Oxford English Dictionary*, 2nd ed., CD–ROM Version3.1（Oxford: Oxford UP, 2004）（以下 *OED* と略す）.

（2）C. L. Mitton, “Atonement” In *The Interpreter's Dictionary of the Bible*, Vol.1（New York: Abingdon Press）309.

（3）Robert S. Paul, *The Atonement and the Sacraments*（New York: Abingdon, 1960）（以下 *The Atonement and the Sacraments* と略す）.

（4）Paul, *The Atonement and the Sacraments* 8.

（5）Cf. Paul, *The Atonement and the Sacraments* 20–23.

（6）Paul, *The Atonement and the Sacraments* 23.

（7）Paul, *The Atonement and the Sacraments* 23.

（8）Paul, *The Atonement and the Sacraments* 29. ポールは主に「償い」という視点から理解する神学がこうした事態をもたらしたと考えている。

（9）Cf. Paul, *The Atonement and the Sacraments* 23–26.

（10）Paul, *The Atonement and the Sacraments* 29.

（11）筆者も当時の人々が atonement に和解の意味があったことを了解していたと考える。けれども問題は、神学的にこの言葉を用いる際に、既に聖書翻訳の段階で違った方向へ解釈した可能性があることである。

（12）W. A. Wright, *Bible Word–Book*（London: Macmillan, 1884）56（以下 *Bible Word–Book* と略す）. 他にも次のような文章がある。“Of which Dnone of vs hath any thing lesse need, for the late made attonemente”. “Atonement,” *OED*. ところで、ここでは atonement を「関係回復」と訳した。この訳語を最初に提案したのは大木英夫である。高萬松は、その提案を受けてこれを最初に公に紹介した。高萬松「P・T・フォーサイスにおける神義論」『聖学院大学総合研究所紀要』25号（聖学院大学総合研究所、二〇〇二年）参照。

（13）Cf. Wright, *Bible Word–Book* 56.

（14）古い書物だが、この点に関して以下のものが非常に参考になる。Cf. B. F. Westcott, *A General View of the History the English Bible* (London: Macmillan, 1872) 24–26.

（15）Cf. Wright, *Bible Word–Book* 55.

（16）ロマ五・一一、二コリ五・一八、一九。そのうちロマ書だけ attonement と表記されている。

（17）二コリ五・二〇、黙一八・一九。しかし、黙示録のものは「ほんの少し」atone hour と言う意味で用いられている。

（18）William Tyndale, *The New Testament*, edited by N. Hardy Wallis (Cambridge: Cambridge at the University Press, 1938) 378.

（19）レビ一・四、四・二〇、二六、三一、三五、五・六、一〇、一三、一六、一八、六・七、七・七、八・三四、九・七、一〇・一七、一二・七－八、一四・一八－二〇、二九、三一、五三、一五・一五、三〇、一六・六、一七、二四、三〇、三二－三四、一七・一一、一九・二二、二三・二八。民五・八、六・一一、一一、八・一二、一九、二一、一五・二五、二八、一六・四六－四七、二五・一三、二八・二二、三〇、二九・五、一一、三一・五〇。サム下二一・三、代上六・四九。ネへ一〇・三三。ロマ五・一一。出二九・三三。レビ九・七だけ attonement と表記されている。

（20）出二九・三三、三六－三七、三〇・一〇、一五－一六、三二・三〇、レビ一・四、四・二〇、二六、三一、三五、五・六、一〇、一三、一六、一八、六・七、七・七、八・三四、九・七、一〇・一七、一二・七－八、一四・一八－二一、二九、三一、五三、一五・一五、三〇、一六・六、一〇－一一、一六－一八、二四、二七、三〇、三二－三四、一七・一一、一九・二二、二三・二七－二八、二五・九、民五・八、六・一一、八・一二、一九、二一、一五・二五、二八、一六・四六－四七、二五・一三、二八・二二、三〇、二九・五、一一、三一・五〇、サム二一・三、代上六・四九、代下二九・二四、ネへ一〇・三三、ロマ五・一一。出三〇・一〇だけ atonements と複数形になっている。

（21）両者とも reconciled, reconciliation を用いている。

（22）Melville Scott, *The Atonement* (London: George Allen & Sons, 1910) 20. Paul, *The Atonement and the*

Sacraments 25から引用。

(23) 藤原藤男『贖罪論』キリスト新聞社、一九五九年、三六頁。

(24) Paul, *The Atonement and the Sacraments* 25.

(25) 調べた聖書は以下になる。略号は*Bible Works*で用いられているものを使用する。ASV、BBE、DBY、DRA、ESV、GNV、JPS、KJA、KJV、LXE、NAB、NAS、NAU、NIB、NIV、NJB、NKJ、NLT、NRS、RSV、RWB、TNK、WCS、WEB、YLT。

(26) And not only [so], but we also joy in God, through our Lord Jesus Christ, by whom we have now received the atonement.

(27) ちなみにNIVでは、ロマ書三・二五、ヘブル書二・一七、九・五で用いられている。NLTでは、ヘブル書九・五でだけ用いられている。またatoningが一ヨハネ二・二、四・一〇で用いられている。

(28) 紙面の都合上原形のみとした。

(29) 七〇人訳では救いをもたらすという意味のσωτήριοςを用いている（出三二・六）。

(30) 七〇人訳では罪という意味のἁμαρτίας（レビ二六・四一）と邪悪、不正を意味するἀνομία（レビ 二六・四三）を用いている。

(31) もちろんJNVもKJVもロマ書では用いているが、それが意図的ではない可能性が高いことは先に指摘した通りである。

(32) 原文は以下になる。ロマ三・二五ἱλαστήριον、ヘブ二・一七ἱλάσκομαι、九・五ἱλαστήριον、Iヨハ二・二ἱλασμός、Iヨハ四・一〇ἱλασμός。

(33) 現代の英訳聖書がこのように使用したことに対して、C・H・ドットの影響も考えられる。彼は贖罪に関するヘブル語と七〇人訳の関係を詳しく研究した上で、七〇人訳の翻訳者達はその言葉を「神を宥めるという意味で取ったのではなく、罪責あるいは宗教的汚れを取り去る行為をするという意味で理解していた」と結論している。C. H. Dodd, *The Bible and the Greeks* (London: Hodder & Stoughton, 1954) 93. ドットの影響に関しては、カルペパーがそれを認める叙述をしている。R・H・カルペパー『贖罪論の理

解』中村和夫訳、日本基督教団出版局、一九六八年、三三－三四頁参照。

(34) Cf. “Atonement” *OED*.

(35) Cf. Dickens, A, G, *The English Reformation* (London: Batsford, 1989) 159.

(36) Dickens, *The English Reformation* 159. ウィリアム・ハーラーも「パウロの力強い信仰の教理は……英国人の精神にいつも訴えかけていた」と述べ、そのことと英訳聖書の関係を指摘している。Cf. William Haller, *The Rise of Puritanism* (Philadelphia: Pennsylvania Press, 1984) 8（以下 *The Rise of Puritanism* と略す）.

(37) 当時のイギリスの時代状況においてパウロ神学と旧約聖書、特に祭儀的用法との関係はさらに厳密な考察が必要と思われる。なぜならばパウロはイエスの死を宣べ伝える際に、祭儀的用語よりは、法律的、政治的、あるいは経済的な用語を好んで用いるからである。しかし、佐藤敏夫も述べているように、祭儀的用語が主要なカテゴリーではないにしても、パウロの思想をいろどっていることは否定できない。いずれにしても、当時のイギリスにおいて人々がパウロの神学をどのように捉え、それがなぜ旧約聖書への関心に向けられたのかはさらに厳密な考察が必要であるので、目下これ以上立ち入った考察はしない。佐藤敏夫『救済の神学』新教出版社、一九八七年、一七五－一六頁参照。

(38) ホートン・デイヴィスは、カトリックとの関係において、本論の関心とつながる次のような言葉を残している。「カトリックが彼らのテキストや注解のために聖書の中の詩的な或いは預言的な書に引きつけられたのに対して、〔英国〕プロテスタント達は旧約聖書における歴史的書を再発見していた」。Horton Davies, *Worship and Theology in England, vol. 1: I. from Cranmer to Hooker, 1534–1603*, (Michigan: Eerdmans, 1996) 303（以下 *Worship and Theology* と略す）.

(39) Haller, *The Rise of Puritanism* 236–242.

(40) Haller, *The Rise of Puritanism* 236.

(41) Haller, *The Rise of Puritanism* 239.

(42) Cf. Haller, *The Rise of Puritanism* 235, 239.

(43) Haller, *The Rise of Puritanism* 235.

(44) 佐藤敏夫『救済の神学』一三－三三頁参照。
(45) この点に関しては佐藤敏夫が紹介する大塚久雄の言葉が示唆に富んでいる（『救済の神学』二九四頁参照）。またティリッヒが紹介する救済論的モティーフも参照できる（「生きる勇気」『ティリッヒ著作集』第九巻、白水社、一九七八年、八四－八七頁参照）。
(46) 大木英夫『ピューリタニズムの倫理思想』新教出版社、一九六六年、一三九頁。Cf. Davies, *Worship and Theology* 51–54. Cf. Haller, *The Rise of Puritanism* 23.
(47) ピューリタンの礼拝における聖書の扱いについては以下の書物と箇所が参照できる。Cf. Horton Davies, *The Worship of the English Puritans* (Pennsylvania: Soli Deo Gloria) 246.
(48) 大木英夫『ピューリタニズムの倫理思想』一四六頁。
(49) 大木英夫『ピューリタニズムの倫理思想』一四六頁。
(50) 本小論では契約神学との関係においてこれ以上立ち入った考察はできないが、契約神学が贖罪信仰にどのような影響を与え、また彼らがatonementをどのように用いたのかという問題は、今後取り組まなければならない大きな課題である。
(51) 筆者は、ここでmoral Atonementという言葉を「主体倫理的応答を回復するAtonement」と訳した。これは重要な言葉なので、少し詳しい説明を要する。
　筆者はmoralを大木英夫の提案を受けて「主体倫理的応答」と訳している。この言葉は元来「道徳」と訳されていたが、それではこの言葉に含まれている意味が上手く表現できていない。なぜならばこの言葉は、自発的応答行為をもたらす程の経験を意味しているからである。それは主体的で倫理的な応答責任を呼び起こす人間の意志や良心への訴えかけのようなものである。卑近な例を用いれば、命を助けてくれた主人に恩を感じて喜んで奉公する恩義と似ている。即ちそれは、律法主義と異なる恩寵と結びついており、しかも人格的関係概念をもつ主体的、倫理的、経験的、恩寵経験を含めた創造的力を意味した言葉なのである。

　この訳語をそのまま並べると粗雑な訳になる。なぜならば、ここでは主体倫理的応答を起こすところの関係回復の出来事を指しているからである。しかし、「起こす」という言葉は、フォーサイスの理解において矛盾する。彼は、主体倫理的応答が人間に本来備わっているものと解していた。むしろ、それを神に向かわせることがatonementの出来事であった。したがって、それは起こすのではなく、本来向かうべきところへと回復するものと言えるだろう。以上のことから、少々長い意訳であるが、本来の意味を明確にするために、「主体倫理的応答を回復するAtonement」と訳した。

（52）Forsyth, *The Church, the Gospel and Society* (London: Independent Press, 1962) 122.

（53）Cf. Forsyth, *The Cruciality of the Cross*. Oregon: Wipf & Stock, 1996, 16–17（『十字架の決定性』斎藤剛毅・大宮溥訳、ヨルダン社、一九八九年、二二頁参照）.

（54）「主体倫理的応答性の本質は関係である」とフォーサイスが言うように、moralは人格的な関係概念を持つ言葉なのである。Forsyth, *Socialism and Christianity in Some of Their Deeper Aspect* (Manchester: Brook & Chrystal, 1886) 12.

（55）フォーサイスがピューリタニズムの精神を受け継いでいることは明らかだが、彼の神学と契約神学がどの程度関係しているかは別の大きな問題である。しかし少なくとも全くないとは言えない。この点について深めるためには、契約神学の範疇を定めるとともに、先の注でも述べたように、契約神学が贖罪信仰に与えた影響を考察しなければならないだろう。なぜならば、フォーサイスはAtonementの神学において神の救済史の中にある教会と社会の問題に取り組んだからである。フォーサイス神学については、拙著『フォーサイス神学の構造原理』（新教出版社、二〇一〇年）参照。

（56）Cf. Paul, *The Atonement and the Sacraments* 29.

（57）Cf. *Othello*, IV. i. 221. Cf. *Rich. III*, I. iii. 36. Cf. S. R. Driver, "Expiation and Atonement," In *Encyclopædia of religion and ethics*, 5 vols. James Hastings, ed. (Edinburgh: T. & T. Clark, 1912) 653（以下"Expiation and Atonement"と略す）. Cf. Paul, *The Atonement and the Sacraments* 20–23. Cf. Wright, *Bible Word–Book* 56.

（58）スティーブン・マークス『シェイクスピアと聖書』山形和美訳、日本基督教団出版局、二〇〇一年、九頁参照。

（59）Driver, "Expiation and Atonement" 653.
（60）Driver, "Expiation and Atonement" 653.
（61）拙著『フォーサイス神学の構造原理』の第一部三章を参照せよ。

第七章　日本におけるキリスト教人権思想の影響と課題

森島　豊

1　人権法制史研究における宗教的要素

本章では、人権思想の法制化の過程におけるキリスト教の影響を日本に焦点を当てて考察し、特にその日本国憲法への影響を通して、そこから見えてくる日本における人権形成の課題とその克服を探る。

日本において、人権の理念が法制化していく歴史にキリスト教の影響があることの意義はあまり認識されてこなかった。そのことは、たとえば日本の法学者である宮沢俊義の次の言葉に顕著に表れている。

「キリスト教が少しも人権思想の推進に役立たないどころか、反対にその冷却に寄与しているとみられる場合すらないわけではないことが注意されよう。ここにいう人権の概念は、キリスト教の子でないばかりではなく、どの宗教の子でもない。……ここにいう人権は、本質的には、宗教をはなれて成立するものであり、また宗教にかかわりなく、根拠づけられるものである[1]」。

もちろん、宮沢もキリスト教の影響が全くないとは考えていない。「人権の概念が、ある範囲において、キリスト教思想、ことにプロテスタント思想によって、強く推進されたことは事実であろう」[2]と述べており、「プロテスタント思想がそれを推進することに非常に貢献したことは、明白な歴史的事実である」[3]と述べているように、歴史の中でキリスト教、特にプロテスタントの影響があることを認めている。けれども、彼は人権の思想を「人間性」[4]というところに見ており、その具体的意味は「すべての人間は、本質的に、自由な存在として取り扱われること」であり、「かような意味の人間の自由な存在への要請が、ここにいう人権にほかならない」[5]と考えている。そして、その根拠を宗教に求める必要はなく、もしそうするなら他宗教や無神論者たちに対する妥当性が失われると考えるのである。したがって、彼は宗教的色彩を持たない自然法の概念を推進する。[6]

けれども、実際に人権理念を法制化へと向かわせた動力と成り得たのは、人間の自由な存在を支える宗教的要素であり、それが重要な歴史形成力の一つとして存在していたのである。したがって、宮沢の見方は、人権思想が歴史の中で発展し生成してきた現実的意味を捉え切れていないので、理想に基づく観念的非歴史的解釈と言わざるを得ない。そして、歴史形成力という視点から見ると、特に信教の自由を求めるピューリタンたちの運動が重要な役割を果たしているのである。[7]

この点に注目して、人権の法制史的研究により宗教的要素があることを広く知らしめたのが、第五章でも触れたゲオルク・イエリネックである。[8]彼は「人権を法律として宣明することが信教の自由に起因する」[9]ことをロジャー・ウィリアムズを通して歴史的に検証し、その思想が一八世紀に広くアメリカに普及し、アメリカ諸州の憲法の中に初めて実現したことを実証的に明らかにした。そしてその理念を遡ったときに、「生来の不可譲の人権という観念が、まず最初に、改革派教会とその分派の内部における政治＝宗教闘争の中で人々に決定的な力を与えるものに成長していった」[10]ことを指摘した。

イエリネックの関心は、「どのような原因で、ある思想が現行法にまで高められ、他の思想が憲法的に承認される道を閉ざすことになるのか、……それらの理念を現行法に転化した生きた歴史的な諸力は何であったのか」[11]ということであった。そして、「フランスの憲法制定国民議会が公布した《宣言》」が「ヨーロッパの憲法史にとってどのような意義を持っているのか」という点から検討し[12]、「アメリカ諸州の《宣言》がフランスの《宣言》に先行する」ことを実証し、「フランス人がアメリカの《宣言》を模範として用いた」ことを明らかにした[13]。

日本においても日本国憲法が成立していく過程の中で、潜在的に同様の影響があったと考えられる。日本国憲法の成立については様々な立場があり、占領軍に「押し付け」られたとする議論が時折なされるが[14]、最近研究の進展によりそれとは違う見方が多く紹介されるようになってきた。そこで重要な存在が法学者鈴木安蔵である。彼は吉野作造を通して自由民権運動の私擬憲法を発見し、その影響のもとで憲法草案を作成し[15]、ＧＨＱがこれを大いに採用したという経緯がある[16]。この時に参考にした明治時代の私擬憲法の多くは、アメリカの独立宣言等から多くの影響を受けていた[17]。そしてこれらの一連の重要人物に共通しているのは、キリスト教の影響を受けているということである。

本章では、日本国憲法、特にその基本的人権へのキリスト教思想の影響を探り、同時にその理念が日本に土着化しない原因と課題を神学的視点から考察する。

2　鈴木安蔵、吉野作造、植木枝盛

ここでは第五章で考察した人権思想の歴史的文脈と日本国憲法制定過程の関係を考察したい。先にも述べたように、日本国憲法の成立過程において鈴木安蔵ならびに憲法研究会の影響があった。ＧＨＱ案の責任者の一人であるマイロ・Ｅ・ラウエル陸軍中佐は、憲法研究会の草案を見てその内容が「民主主義的で、賛成できるものである[18]」と高く評価し、この「民間の草案要綱を土台として、いくつかの点を修正し、連合国最高司令官が満足するような文書を作成することができるというのが、当時の私の意見でした[19]」と述べている。

憲法研究会の中で唯一の憲法学者であり、重要な役割を担った鈴木安蔵は[20]、プロテスタント教会の熱心なキリスト者の家庭で育ち、故郷福島県相馬郡小高町を離れるまで、後に政治家・農民運動家になる杉山元治郎牧師のもとで教会生活を送った[21]。けれども、故郷を離れて仙台の第二高等学校そして京都帝国大学に入ってからマルクス主義の影響を受け[22]、その後キリスト教会から離れていく。それでも鈴木と親しかった研究者たちは、潜在的にキリスト教の影響があったことを感じていた。鈴木安蔵の研究者金子勝は、青年期の「同盟休校」の指導者になった出来事について、それを「キリスト教的ヒューマニズム・正義感が培われていたことの証明であると考えられる[23]」と述べている。これは相馬中学校時代に横行していた上級生による下級生への不当な暴力制裁（リンチ）に対して、暴力排除を求める抗議書を校長に突き付けて三日間の「同盟休校」を決行した出来事である。学校当局は、一方で鈴木たちに処分を下したが[24]、彼らの主張を認め、リンチを黙認してきた態度を改め、以降校内暴力が一掃された。この「みんなひどい目にあわされたし、これ以上不当な暴力は許せない[25]」という思いから出た後の抵抗権につながる鈴木の行動を、金子はキリスト教の影響と見ているのである。

その後、鈴木は京都帝国大学時代の一九二六（大正一五）年最初の治安維持法違反である「日本学生社会科学連合会事件」で検挙され、翌年有罪判決を受けた後、大学を自主退学する。その後一九二九年『第二無産者新聞』での活動が治安維持法違反にあたるとして再逮捕され、一九三二（昭和七）年まで入獄する。その獄中で多くの憲法論に関する著作を読み、特にキリスト者であった吉野作造に心惹かれるようになる。そして出獄後一九三三（昭和八）年、吉野の友人であり熱心なキリスト者である岳父栗原基を通じて、晩年の吉野作造と面談が実現した。

吉野は鈴木に「憲法制定史を専攻研究するものが絶無といってもよい[26]」と語り、鈴木の後の研究に道筋を与えた[27]。後年、明治文化研究、特に憲政史研究に取り組んでいた吉野は、一九二四（大正一三）年「明治文化研究会」を発足させる[28]。この研究会は、前年の関東大震災で幕末明治の貴重な資料が焼失したことにより、危機感を持った研究者や好事家たちを集めて動き出した。この会の最大の業績は『明治文化全集』全二四巻の刊行である。鈴木安蔵は『明治文化全集』の中にあった起草者不明の「日本国国憲案」と出会う[29]。この内容に心惹かれ、起草者を探る研究が始まる[30]。そして一九三六年五月二六日から六月二日まで高知県に赴き、自由民権運動に関する貴重な資料を多く発掘した[31]。そこで植木枝盛の「日本国憲法」（草稿本）を発見し、詳細な検討の結果「東洋大日本国国憲案」（「日本国国憲案」清書本のこと）の原案起草者が植木枝盛であると断定したのである[32]。今日、自由民権運動の有力な思想家として歴史的位置を持つ植木枝盛の存在は、鈴木安蔵の功績によるところが大きいのである(33)。

鈴木が枝盛の憲法草案に惹かれてこれを追い求めたのには、「国民自由権の確保」だけでなく、「徹底的な抵抗権の諸規定」が明記されていたからである(34)。その植木枝盛は(35)、思想的形成期にキリスト教の影響を受け、洗礼を受けた確証はないが、「今我儻《とう》の宗教とは、我儻の尊信する聖書に従ふ基督教なる純粋のプロテスタント即自由の派なり」（傍点筆者）と宣言している(36)。さらに特筆すべきことは、一八八四（明治一七）年フルベッキら宣教師を高知へ招いて伝道集会を行い、それによって翌年五月一五日に片岡健吉と坂本直寛（南海男）(37)が受洗して高知教会誕生に至るのだが、その宣教師たちの招致・伝道に尽力した一人が枝盛であったのである(38)。

枝盛のキリスト教との最初の接触は、一八七五（明治八）年五月一七日日比谷教院付近で説教を聞くことから始まり、頻繁に様々な教会を訪れている(39)。また明治七年から五年間でキリスト教関係書物を少なくとも五一冊は読んだ形跡があることからも、キリスト教に関する関心が相当高かったことが窺われる(40)。枝盛がキリスト教に関心を示す一つの要因として考えられることが、彼自身も聴衆の中にいた高知伝道での宇野昨弥の説教（一八八一〔明治一四〕年）に表われている。

自由の天権を剝奪せられ、これを回復するの〔方〕法わずかに腕力のほかこれを回復するものなきときは、よろしくこれを用いてこれを回復すべし。たとえばこれ米国革命の如く然り。……これ蓋し政府は社会のためにして、社会は政府のために構造せられたるものにあらず。真誠の自由は必ず流れて社会の万端に及ぼし決して要塞すべからざるなり。……当時〔米国革命・南北戦争〕の義血多くはキリスト信者の精神の溢出したるものなり。已上《いじょう》(41)挙ぐる所、耶蘇教自由精神の溢出したる万文流中の重大なるものなり。（傍点筆者、現代仮名遣い）

おそらく枝盛のキリスト教への関心の一つは、ここで語られている抵抗権と関わる説教内容であったと考えられる。もちろん、この時代抵抗権については教会外でも語られていたが(42)、おそらく重要であったことはその根拠であろう。枝盛は同時期にアメリカ政治や憲法に関する書物も読んでいたが(43)、そこで後の「日本国国憲案」の抵抗権に影響を与えたと思われるアメリカ独立宣言等も知っていた。そして、おそらくそこで宣言されている抵抗権とキリスト教信仰との結びつきに関心があったと言える。

この関係を辿るに当たり、枝盛のその後の歩みの中で一つの重要な事件がある。彼は一八七六（明治九）年『郵便報知新聞』に寄稿した「猿人君主」の文書が官憲の忌諱に触れて投獄させられた(44)。この内容は、人間は思想する者だから、思想させなくする政府は人間を猿にするという内容であったが、標題から誤解を招き二か月の牢獄経験をする。出獄後、彼はそれ以前と異なる過激な内容を投稿し始める。出獄翌月「自由は鮮血を以て買はざる可からざる論」と題する匿名の投書で「最も自由を得ると称する米国人民を見んか……当時米国人民其の心志を憤激し手足の労を惜まず、鮮血の流るゝを顧みず、是決して英国に反き独立を謀り成せしことや。之を要するに今日の自由は昔日の鮮血の滋養して繁茂したる大木の如き也」（傍点原書）(45)と述べ、「極悪〇〇を除き至不良〇〇を転覆して其国民を安んずるは天理の不可なる所に非るなり。之を名けて人民不得止《やむをえぬ》の権利と云ふ[46]」として抵抗権と革命権を宣言するに至るのである。そして、そこにアメリカ独立宣言が重要な位置を持っていた。

枝盛はアメリカ独立戦争の中に彼の考える自由の現れを見、その自由のための戦いが決定的ともいえる刻印を彼に与えたことは、他の書物を見ても分かる[47]。また、『天賦人権弁』においては、その「人身自由の権」「生命自由の権[48]」という人間の権利について「之れをその人は天然に生活の権利を有するものと謂ふべし[49]」と述べるが、この文言にも独立宣言の影響を見て取れる[50]。また一八八〇（明治一三）年『言論自由論』においては「西国の蜜爾敦《ミルトン》曾《かつ》て云く、自由の衆多なるも、我に与ふるには先づ我が信ずるに従て之を知り、之を言ひ、之を論ずるの自由を以てせよ」（傍点原文[51]）という書き出しで始まっている。ここで言うミルトンとは、ピューリタン革命から王政復古にかけて文筆活動したあのミルトンである。つまり、枝盛は抵抗権と自由を支える思想的根拠において、独立戦争とその抵抗権に関わるピューリタン的キリスト教に関心を示し[52]、「聖書に従ふ基督教なる純粋のプロテスタント即自由の派なり」（傍点筆者[53]）と述べたのであろう。そして翌一八八一（明治一四）年「日本国国憲案」を起草するのである。この枝盛の私擬憲法案が吉野作造を介した鈴木安蔵を通して現在の日本国憲法に影響を与えるのであるが[54]、この法制化の過程の中にキリスト教信仰に基づく人権思想が流れているのである。

3　日本における人権思想の受容・形成の課題

以上、人権思想が法制化していく過程におけるキリスト教の影響を見てきたが、その後の流れの中で浮かび上がる課題から日本の問題を考察したい。それは、ここで取り上げた人権思想の継承が困難となっている日本の現実である。初期の自由民権運動は政府の弾圧に屈してやがて継承者を失っていき、鈴木安蔵に受け継がれた憲法運動においても受け皿が育たず、時代ごとに断絶し、研究者の間では「ヨーロッパみたいにつながっていかない[55]」、「思想的受け皿がないために、民衆の伝統が伝統化されない[56]」ということが課題とされている。近年ではむしろ逆に、最高法規にある基本的人権についての憲法第九七条[57]の名文を全文削除しようとする動きに象徴されるように、日本においては時代を経るに従い人権形成に反動的側面が強くあることが明らかである[58]。これはエートスの形成・継承の問題であり、それを養う場の欠如でもある。法制化へと向かわせた力は、それを護り発展する力にも成り得るだろう。重要なことは、なぜそれが日本に欠如するのかということである。

結論を先んじて指摘すれば、その要因の一つは抵抗権の根拠の欠如にあると言えるだろう。鈴木安蔵は憲法私案において「新政府樹立権」として抵抗権を掲げ、「政府憲法に背き国民の自由を抑圧し権利を毀損するときは国民これを変更するを得」という革命権の文言を入れていた。けれども、憲法研究会における作成段階で、メンバーの一人であった室伏高信から疑問が出されて、一人でも疑問が出た場合には載せないという鈴木の方針によりこれを削除した。したがって、現在の日本国憲法には抵抗権や革命権を明文化したものがない。つまり、潜在的な仕方で日本人の主体性に関わるキリスト教人権思想は、歴史の中では抵抗権に支えられて発展し、日本国憲法に至る人脈を結びつけたのも抵抗権なのであるが、それが明記されずに憲法が成立するという皮肉な結果になっているのである。ここには日本人の中で天皇制に勝る思想を持つことがいかに困難であるかという現実が現れている。

本章の人権思想史を辿る中で注目した抵抗権の思想は、神への服従が人間である支配者への義務より上位にあることが根拠とされていた。つまり、自由なる人間の本性が神への服従と結びついている中で発展してきたのである。[59] けれども、社会や国家は教会ではない。問題は、教会ではない社会や国家において、人間である支配者への義務より上位にある抵抗権の根拠は、神無くしてどのように確保することができるのだろうかというものである。この問題は日本固有の問題を超えて、政教分離を試金石とする近代社会に共通な課題がある。それは、政教分離の社会なので、抵抗権の根拠を宗教に置くことができないという問題である。抵抗権を思索する日本の法学者が悩んでいるのはこの問題なのである。[60]

この点で参考にできるのは、ピューリタン革命の挫折としての王政復古の教訓である。ピューリタニズム研究の第一人者である大木英夫によれば王政復古は「デモクラティックな手続きによって、デモクラシーを破壊する結末」[61] であった。その決断は民衆によってなされたのだが、それが人権の放棄に到ることまで自覚されていなかった。したがって、民主主義的な政治社会形態においては、それを担うところの人間形成が課題となるのである。換言すれば、教会においてはその構成員である人間の信仰が抵抗権に到る文化価値を育んだが、教会ではない社会の構成員である市民に如何にして共通の精神的価値基準が与えられるかが問われているのである。

この問題と真剣に取り組んだ一人がピューリタニズムの精神に生きていたジョン・ミルトンであった。彼はピューリタン革命から王政復古に至る時代の流れの中で、民衆が自らの意志で自由を放棄する選択をした問題に向き合った。そしてデモクラシーな社会においては、非人間的あり方からの自由という価値を自覚した主体性の確立が社会を担う人間に求められ、それを「教育」によって与える必要があることを訴えたのである。(62)

そこで更なる問いは、教育が担うところの支配者への義務より上位にある抵抗権の根拠となり得るものは何かということである。その一つの可能性として挙げられるものは、歴史的に形成され、文化価値として認められてきた「公共の福祉」としての人権理念であろう。ここで言う「公共の福祉」とは、人権理念として歴史的に確立してきたものであり、生まれながらの人間が本来持っている自然権に通じることである。

ピューリタン革命前夜、英国人の意識は、君主や支配者も「人民の福祉」に従属すべきことが求められ、それが君主によって実現されない場合は抵抗する権利があることを主張した。(63)「人民の福祉(people's welfare)」という言葉自体は、古いローマ帝国時代のストア派の思想が語った「人民の福祉が最高の法(Salus populi suprema lex)」という言葉で有名である。これが政治の究極目標であることが主張されたのである。「福祉」と訳されるラテン語のサルス(salus)は、もともと肉体的・精神的な健康状態を意味したが、聖書の中では「救い(salvation)」を意味する言葉として用いられた。つまり、肉体的な健康状態だけでなく、全人格的な存在を救う意味も含まれて用いるようになったのである。この言葉がピューリタンとコモン・ローヤーたちの共通の用語として語られるようになり、抵抗権の根拠として主張されていくのである。

たとえば、ピューリタン革命前夜に有名になったジョン・リルバーンという説教者は、「神の栄光と人民の福祉[64]」に仕えるために語ることを神に求めた。彼らにとって「神の栄光と人民の福祉」に仕えることは同じことであったのである。そして王もこれに仕えることを求め、それに反することにおいて抵抗した。

このピューリタニズムの影響は、コモン・ローヤーの中に浸透していく。たとえば、ヘンリー・パーカの次の言葉にそれが現れている。

> 彼〔王〕の尊厳は、人民を保存するために立てられたのであって、人民が彼に奉仕するためにつくられたのではない。このことは、われわれをしてそこからすべての政治の最高極地、すべての法をして法たらしめる至上の法、すなわち人民の福祉へと導く。王の大権法自体、この法に従属する。君主たちの征服の権利といえども、すべての権力の源であり目的である「人民に属するもの」を自由にすることはできない。……全世界をしてこのことを判断せしめよ。もしもいかなる私的人間といえども攻撃をしかけられた場合、たといそれが政権者からであれ、彼自身の父からであれ、……敵意と危険にさらされておりながら、国王が防御をゆるさないからといって、彼らののどを殺害者たちに渡さねばならないというようなことが、人間理性の最も明白な光、最も強い傾向に反していないかどうかを判断せしめよ。[65]（傍点筆者）

王が建てられたのは人民の保存のためであって、王の存立根拠も「人民の福祉」の実現に従属するのである。それは人間の自然にそなわる法が要求するものであって、たとえ王であってもそれに反することを行う権利を持たないと主張するのである。したがって、この「人民の福祉」が、その実現のために建てられた王によって履行されない場合は、抵抗がゆるされるのである。

このようにして、英国人の意識は、君主や支配者も「人民の福祉」に従属すべきことが求められ、それが君主によって実現されない場合は抵抗する権利があることが主張された。それはピューリタニズムの思想が長い時間をかけて人民に浸透していたが故に歴史となった出来事である。人々が共通に認識していたその理念は、「公共の福祉」という言葉で『人民協定』、アメリカ諸州の憲法、独立宣言、そして日本国憲法へと継承されてきた。それを教育が担うという提案であるが、当然のことながらそこでは〈人間とは何か〉という人間観が重要になる。

宮沢俊義はそこに宗教的要素を排除して「すべての人間は、本質的に、自由な存在として取り扱われること」[66]という人間性を主張した。しかし、その人間の自由は悪を選択する自由にも成り得ることを忘れてはならないであろう。そして、宮沢の路線は公立教育の中で大きな課題と限界にぶつかるであろう。たとえば、今日道徳教育の教科化が問題となっているが[67]、そこで培われる人間性は国家によって容易に変えられる可能性を持っている。つまり、同じ教育という手段で逆の価値を形成することも可能なのである。さらに、その場合の公共性が国家の公益性に偏って理解される可能性もある。実際に現在自民党の改憲案において、「公共の福祉」を「公益及び公の秩序」に変更し、国家の都合で解釈可能な道が拓かれようとしている。思想史的に見れば、これは高レベルの危険信号である。人権を犠牲にして国益を優先させる可能性があることは、歴史が証明している。要するに、暗い時代の精神が襲う中で、自由な存在としての人間性を担い、養う場がどこに存在するかという問いが突きつけられているのである。

そこで重要な役割を担い得るのが私立学校の存在である。特に人権思想の影響史的考察からして、キリスト教学校の教育に対する期待と責任は大きい。もちろん、現実には私立学校において課題が山積している。たとえば、一つは近年文科省が私立学校の中に介入することが増えていることである[68]。もう一つは学問の自由について、たとえば慰安婦問題で朝日新聞の元記者を非常勤講師として雇っている北星学園大学に脅迫が相次いだように、学問の自由が侵される危険があることである[69]。そして、最も深刻な課題は、その私立学校の教職員の中に、建学の精神の担い手になるべきキリスト者が少ないことである。けれども、思想史的に洞察すれば、優れた人間性はその時代を超えて文化と歴史を形成していくことになる。そして様々な歴史的圧力に耐えて、日本においてキリスト教学校が為した功績と影響の歴史を鑑みる時、ここに一つの可能性と古くて新しいミッションがあると言える。

最後に、ピューリタニズムの伝統に生きていた二者、ペンシルヴァニア州を創設したウィリアム・ペンと英国神学者Ｐ・Ｔ・フォーサイスの示唆に富む次の言葉を紹介して結びとしたい。

「人間が政治体制に拠っているのではなく、むしろ政治体制が人間に拠っているのである[70]。人間を良くしよう。そうすれば政治は悪くなり得ない。もしそれが病めば彼らが癒すだろう」。

「あなたの倫理は、状況を革命によってではなく、浸透と教育によって変えるに違いない。その効果は革命的だが、方法はそうであってはならない」（傍点論者）[71]。

注

（1）宮沢俊義『憲法Ⅱ』法律学全集四、有斐閣、一九七一年、八一頁。
（2）宮沢俊義『憲法Ⅱ』八〇頁。
（3）宮沢俊義『憲法Ⅱ』八〇－八一頁。
（4）宮沢俊義『憲法Ⅱ』八〇頁。
（5）宮沢俊義『憲法Ⅱ』七九頁。
（6）宮沢俊義『憲法Ⅱ』八一頁参照。
（7）人権理念の源泉をピューリタンの運動に注目して考察した最近の研究に大木英夫『人格と人権――キリスト教弁証学としての人間学　下』（教文館、二〇一三年）がある。
（8）Georg Jellinek, *Die Erklärung der Menschen- und Bürgerrechte*, vierte Auflage, München und Leipzig, 1927. イエリネック対ブトミー『人権宣言論争』（初宿正典編訳、みすず書房、一九九五年）に収録。
（9）『人権宣言論争』一〇頁。
（10）『人権宣言論争』一〇頁。
（11）『人権宣言論争』九－一〇頁。
（12）『人権宣言論争』九頁。
（13）『人権宣言論争』一九九頁。

（14）古関彰一によれば、「押し付け論」の引き金になったのは一九五七年のR・ウォードの論文であったとしている。Robert E. Ward, "The Origins of the Present Japanese Constitution" in *American Political Science Review* (Jan. 1957): 1001–1002, 1010. 古関彰一『日本国憲法の誕生』岩波書店、二〇〇九年、一八一頁参照。また、それ以前にも憲法改定過程を観察していたアメリカ人ジャーナリストの次のような日記が公刊されていた。「このアメリカ製日本憲法はそれ自身悪い憲法ではない。……悪いのは——根本的に悪いのは——この憲法が日本の国民大衆の中から自然に発生したものではないということだ。それは日本政府につかませた外国製憲法でその上高等学校の生徒さえ一寸読んだだけで外国製だということに感づくのに国産品だと称して国民に提供されたのだ」。ゲイン『ニッポン日記　上』（井本威夫訳）筑摩書房、一九五一年、一一四－一一五頁。堀真清「植木枝盛の憲法草案（一八八一年）——合衆国憲法と日本国憲法を架橋するもの」『西南学院大学法学論集』（二三号、西南学院大学学術研究所、一九九一年）一八二頁より再引用。

（15）この点について、鈴木は新聞で次のように述べている。「別に同人たち共通の参考資料としたものはないが、明治一五《(ママ)》年の植木枝盛の『東洋大日本国《(ママ)》憲法』、土佐立志社の『日本憲法見込案』など日本最初の民主主義的結社自由党の母体たる人々の書いたものを始めとして、明治初期真に大弾圧にこうして情熱を傾けて書かれた二〇余の草案を参考にした。外国の資料としては、一七九一年のフランス憲法、アメリカ合衆国憲法、ソ連憲法、ワイマール憲法、プロイセン憲法がある」。『毎日新聞』一九四五年一二月二九日付。堀真清「植木枝盛の憲法草案（一八八一年）」一九九頁より再引用。

（16）日本国憲法の成立に鈴木安蔵並びに「憲法研究会」の影響があることは、当事者周辺と一部の学者たちの間で認識されるに留まっていた。出版物においては一九六〇年代後半頃に公になり始めた。たとえば、佐藤達夫『日本国憲法成立史　第二巻』（有斐閣、一九六四年）、鈴木安蔵『憲法学三〇年』（評論社、一九六七年）、高柳賢三、大友一郎、田中英夫編著『日本国憲法制定の過程』（Ⅰ）（Ⅱ）（有斐閣、一九七二年）、鈴木安蔵『憲法制定前後——新憲法をめぐる激動期の記録』（青木書店、一九七七年）、鈴木安蔵博士追悼論集刊行会編『日本憲法科学の曙光』（勁草書房、一九八七年）などがある。けれども、日本の法学会の中でも鈴木の存在は注目されてこなかった。その理由の一つは、当初鈴木が京都帝国大学を中退した在野の憲法学者であったことやマルクス主義に傾倒していることが関係していたと考えられる。しかし、一九八九年に古関彰一が『新憲法の誕生』（中央公論社、一九八九年）の中で日本国憲法の成立経緯と鈴木安蔵を紹介したこと（二〇〇九年に改訂増補版が『日本国憲法の誕生』と題して岩波書店から出版されている）、また小西豊治が『憲法「押しつけ」論の幻』（講談社現代新書、二〇〇六年）を出版したころから鈴木に注目が集まるようになった。そして特に、二〇〇七年にＮＨＫ・Ｅテレ特集『焼け跡から生まれた憲法草案』で鈴木に注目したドキュメントが放映され、また『日本の青空』で映画化されたことにより、日本全国に広く知られるようになった。さらにＮＨＫ・Ｅテレで『日本人は何を考えてきたのか――明治編』で影響史的な観点から鈴木に触れる番組が放送されたことでも一目置かれる要因となった。なおこの番組は書籍化され、ＮＨＫ取材班編著『日本人は何を考えてきたのか――明治編　文明の扉を開く』（ＮＨＫ出版、二〇一二年）に収録されている。

(17) 拙論「キリスト教と人権思想――日本国憲法への影響をめぐって」『キリスト教と文化』紀要二九号（青山学院宗教センター、二〇一四年）所収別紙資料「憲法対観表」参照。

(18) 高柳賢三、大友一郎、田中英夫編著『日本国憲法制定の過程（Ｉ）』三五－三六頁。

(19) The Secretary of State to the Acting Political Adviser in Japan (Atcheson), 16 Oct. 1945, *FRUS*, 1945, Vol. VI, 757. 古関彰一『日本国憲法の誕生』五三頁から引用。また一九七二年のインタビューでは「これで憲法ができると希望を抱いたのです」と述懐している。ＮＨＫ・Ｅテレ特集『焼け跡から生まれた憲法草案』二〇〇七年放映。

(20) 鈴木安蔵についての研究書は少ないが、以下のものが参照できる。鈴木安蔵博士追悼論集刊行会編『日本憲法科学の曙光』勁草書房、一九八七年。小西豊治『憲法「押しつけ」論の幻』講談社現代新書、二〇〇六年。『鈴木安蔵先生から受け継ぐもの――鈴木安蔵先生生誕百年記念シンポジウムの記録』二〇〇五年（自費出版）。河野朋子「鈴木安蔵と憲法研究会草案に関する一考察」『アジア太平洋論叢』九号、アジア太平洋研究会、一九九三年、五五－八六頁。

(21) 金子勝や小林孝輔は、鈴木安蔵が「青年時代キリスト教に入信した」と「クリスチャンとして」誤解していたが、正確には洗礼を受けてはいない。金子は後に『鈴木安蔵先生から受け継ぐもの――鈴木安蔵先生生誕百年記念シンポジウムの記録』（二〇〇五年、自費出版、九頁）で改めている。また鈴木の父親は鈴木が誕生して間もなく肺結核で死去している。小林孝輔「回想の鈴木安蔵先生――その思想と行動」二五七頁。金子勝「鈴木憲法学生誕の経緯」一三一、一三三―一三四頁参照。どちらも『日本憲法科学の曙光』に所収。

(22) 鈴木のマルクス主義へと傾斜していく契機は、幼少時代の貧困生活と社会問題への開眼、そして第二高等学校時代にマルクス主義の研究と普及を目指して東北地方に来た菊川忠雄（東京帝国大学新人会）と石田英一郎（第一高等学校社会思想研究会）との出会いが大きいと考えられる。鈴木は菊川・石田との出会いの後「第二高等学校社会思想研究会」を結成するが、その案内文書に当時の心境をうかがえる内容が書かれてある。金子勝「鈴木憲法学生誕の経緯」一三七―一四〇頁所収。また幼少期の心境については、後に治安維持法で検挙された時の調書記録が参考になる。金子勝「鈴木憲法学生誕の経緯」一四〇―一五〇頁に収録。

(23) 金子勝「鈴木憲法学生誕の経緯」一三三頁。

(24) 「三日間の謹慎と操行の一等格下げ。大方四等に、五等になれば落第」。金子勝「鈴木憲法学生誕の経緯」一三三頁参照。

(25) 毎日新聞福島版「高校風土記・相馬編⑪」一九七六年六月一五日付。金子勝「鈴木憲法学生誕の経緯」一三三頁から引用。

(26) 鈴木安蔵『憲法学三十年』四七頁。

(27) 鈴木安蔵と吉野作造の関係について、堅田剛「最優秀賞受賞論文　吉野作造と鈴木安蔵――五つの『絶筆』をめぐって」（『吉野作造記念館吉野作造研究』吉野作造記念館編集、五号、二〇〇八年一〇月、一―一二頁）が参照できる。

(28) 明治文化研究会と吉野作造については、堅田剛『明治文化研究会と明治憲法――宮武外骨・尾佐竹猛・吉野作造』（お茶の水書房、二〇〇八年）を見よ。

(29) 『明治文化全集』第三巻（評論社、一九二八年）四二〇頁以下。

(30) 起草者を植木枝盛に確定するまでの変遷については、小西豊治『憲法「押しつけ」論の幻』四七―五六頁参照。

(31)『鈴木安蔵先生から受け継ぐもの――鈴木安蔵先生生誕百年記念シンポジウムの記録』二三頁。鈴木が高知へ資料採取に出かける際、尾佐竹猛でさえも、何も残っていないから無駄であろうと意見したそうである。しかし、実際は尾佐竹の予想を裏切って大量の枝盛に関する資料が発見されたのである。家永三郎『植木枝盛研究』岩波書店、一九八四年、五頁参照。

(32)鈴木安蔵『自由民権・憲法発布』白揚社、一九三九年、一二五－一二六頁参照。鈴木安蔵『明治初年の立憲思想』育生社、一九三八年、二六一頁以下参照。

(33)植木枝盛の研究者家永三郎は、次のように述べて鈴木を高く評価する。「枝盛研究史上における鈴木の功績は高く評価されねばならないが、鈴木の功績は、単にその研究結果についてのみ認められるのではなく、同時に、彼が枝盛の全貌研究のために不可欠の根本史料を採訪し、その保存をはかった労について、いっそう大きな功績があることを忘れてはならない」。家永三郎『植木枝盛研究』四－五頁参照。

(34)鈴木安蔵『憲法学三十年』一五三頁。鈴木は後にインタビューで「私はずっと自由民権を、その史料をあさっていたからね、明治一三、四年頃の我々の父祖たちが苦心して作った草案は参考にした。けれども、いちばん参考にしたのはフランス革命の人間宣言と一七九三年のジャコバン憲法。ただ、植木枝盛の草案には抵抗権の規定があるんだな、これは非常に僕の注意をひいた。……僕はフランス革命の九三年憲法の条文と、植木枝盛がこういう論文《ママ》を書いているところに共鳴して、我々も新しく転換する段階においては、ぜひこれをいれなくてはいかんというんで書いたんですよ」(傍点筆者)。自由民権百年全国集会実行委員会会報『自由民権百年　第三号』(一九八一年五月一日)五－六頁。堀真清「植木枝盛の憲法草案(一八八一年)」一九九頁より再引用。

ちなみに、鈴木は憲法私案において「新政府樹立権」として抵抗権を掲げ、「政府憲法ニ背キ国民ノ自由ヲ抑圧シ権利ヲ毀損スルトキハ国民之ヲ変更スル」という文言を入れていたが、憲法研究会における作成段階で室伏高信から疑問が出されて、一人でも疑問が出た場合には載せないという鈴木の方針により削除した。鈴木安蔵『憲法制定前後』九九－一〇〇頁参照。

（35）植木枝盛については、家永三郎『植木枝盛研究』、家永三郎他編『植木枝盛集』全十巻（岩波書店、一九九〇－一九九一年）。中村克明『植木枝盛――研究と資料』。家永三郎「植木枝盛とキリスト教」『福音と世界』一二（五）（新教出版社、一九五七年、六四－七一頁）。堀真清「植木枝盛の憲法草案（一八八一年）――合衆国憲法と日本国憲法を架橋するもの」『西南学院大学法学論集』（二三号、西南学院大学学術研究所、一九九一年、一七一－二一一頁）。小畑隆資「『共生』の課題――植木枝盛とキリスト教」『文化共生学研究』第一号（岡山大学大学院文化研究、二〇〇三年）。小畑隆資「植木枝盛とキリスト教――枝盛における『天賦自由』論の成立」『文化共生学研究』第二号（岡山大学大学院文化研究、二〇〇四年）を参照。

（36）「駁浅野氏続宗教論」『朝野新聞』明治九年一〇月二五日付（中須賀竹治）。家永三郎『植木枝盛研究』九〇頁より再引用。

（37）坂本直寛は後に献身することになる。坂本については、松岡僖一『幻視の革命――自由民権と坂本直寛』（法律文化社、一九八六年）、土居晴夫『龍馬の甥　坂本直寛の生涯』（リーブル出版、二〇〇七年）参照。

（38）家永三郎『植木枝盛研究』三七八－三七九頁参照。佐波亘編『植村正久とその時代』第三巻、教文館、一九六六年、一六頁参照。

（39）家永三郎『植木枝盛研究』八七－八八頁参照。書物に関しては、明治七年に明治初期のキリスト教入門書『天道溯原』を読んでいる（同書六六頁参照）。

（40）家永三郎『植木枝盛研究』八八－八九頁参照。

（41）宇野昨弥「耶蘇教ノ自由」『七一雑報』明治一四年一二月二日、六巻第四八号（雑報社、一八八一年）八頁。家永三郎『植木枝盛研究』三七九－三八〇頁参照。家永は「十二月二十日号」としているが一二月二日号の誤り。

なお、家永はこの説教内容について「はたしてこの伝道師は衷心から革命を支持する真情を持していたのであろうか」と疑問を投げかけ、「おそらく民権過激論の本場である高知立志社での説教であることを考え聴衆の反応を計算した上での言説にすぎなかったのではなかろうか」と述べている（同書、三八〇頁参照）。けれども『七一雑報』に投書していることや、この説教者が民権運動家の自由の精神に対して問いかけている文言などが後で触れる植村正久や小崎弘道も主張していることから、さらに明治十四年の政変が起こった時代状況を考えると、あり得た言説ではないかと思われる。

(42) 家永によれば、抵抗権そのものは流行のようにこの時代多くの場所で語られていた。家永三郎『植木枝盛研究』一〇九－一一〇頁参照。

(43) 特にトクヴィルの『上木自由之論』(『アメリカのデモクラシー』の当時の邦訳本)を読んでいたことは興味深い。枝盛が閲読した欧米に関する翻訳書については家永三郎『植木枝盛研究』三四九－三五一頁参照。

(44) この投書は元々「猿人政府」と題していたが、編集者により「猿人君主」と無断で変更されたのである。題名は「人ヲ猿ニスル政府」と読み、言論・思想の自由の抑圧が「人ニ処スルニ猿ニ処スルノ道ヲ以テスル」に外ならないことを論じたものであった。『植木枝盛集　第三巻』岩波書店、一九九〇年、一六－一八頁所収。

(45)「自由ハ鮮血ヲ以テ買ハザル可カラザル論」『植木枝盛集　第三巻』四〇－四一頁。

(46)「自由ハ鮮血ヲ以テ買ハザル可カラザル論」四三頁。

(47) たとえば以下の二つの文章を参照せよ。

「華竟自由と申すものは箇様に尊ひが故十分万全に之を保ち之を守り行かんと思ひ、仍《ヨ》て国を建て政府など云う会所を置き又法律を設け役人を雇て愈《いよいよ》この人民の自由権利を護らしめ、……己に右の通り政府を置くも法律を設くるも役人を雇ふも皆自由のためならざるはなく、然して戦を為るも争を為るも亦自由の関係なるもの多し。例へば亜米利加の英吉利国に叛て独立を為したるは、同地の人民が英吉利の政府より暴虐なる政を受け自由権利を圧しつけられて竟にこらへる能はず、十三州の民申合わせて七年の間戦を為し、とうとう之に打ち勝てそれより英吉利国の支配を脱けたるものにて、矢張自由の争いじや」(植木枝盛「民権自由論」一八七九(明治一二)年『植木枝盛集　第一巻』岩波書店、一九九〇年、一二頁)。

「天下に歴史夥しと雖も、未だ曾て米国独立の史より快なるは有らず、天下に戦争多しと雖も、未だ曾て米国独立の戦より義なるは有らず。予や髫齢《ちょうれい》より以還、美理堅《メリケン》の史を読むこと已《すで》に数回にして、未だ倦むことを知らず、自ら以為《おも》えらく只だ此の戦争の如きは、寔《まこと》に是れ自由の天に轟き、地に震う所以の者なり。宜《うべ》なるかな自由閣の警鐘、之を撃ち之を撃ち、之を撃ち之を破るに及んで、其の声囂々《ごうごう》として遥かに九皐《きゅうこう》に徹すれば、則ち山川の是《これ》に撼揺し、鬼神の是に泣哭すること、言うを得べからざるなり。独立の檄文、之を草し之を書し、之を飛ばして宇内《うだい》に布告するに及んでは、則ち坤輿《こんよ》の是に響動し、億兆の是に感起する者、測るを得べからざるなり」（『自由詞林』一八八七（明治二〇）年『植木枝盛集　第一巻』二八二頁。原文漢文をよみくだし文で引用）。

(48) 植木枝盛『天賦人権弁』一八八三（明治一六）年『植木枝盛集　第一巻』六一頁。

(49) 植木枝盛『天賦人権弁』『植木枝盛集　第一巻』一七二頁。

(50)「われわれは、自明の真理として、すべての人は平等に造られ、造物主によって、一定の奪いがたい天賦の権利を付与され、その中に生命、自由および幸福の追求の含まれることを信ずる」。『人権宣言集』一一四頁。

(51) 植木枝盛『言論自由論』一八八〇（明治一三）年『植木枝盛集　第一巻』六一頁。

(52) ここでのピューリタン的という意味は、多田素の証言にあるような聖書と教理研究に熱心という意味が強いであろう。「この教会（高知教会）の初代の人々は『ウエストミンスター略問答』によつて教育せられ、信者はみな、その略問答と聖書とを、交互に且つ熱心に学んだものである。ピユウリタン的な、頑固な、堅い、混じり気のない、妥協せぬ信仰生活の訓練を受けたのである。……従て、聖書研究会とか、教理研究会というやうなものは、当時随分盛んであつた」。佐波亘編『植村正久とその時代』第三巻、二六頁。

(53)「駁浅野氏続宗教論」『朝野新聞』明治九年一〇月二四・二五日付（中須賀竹治）。家永三郎『植木枝盛研究』九〇頁より再引用。

(54) 拙論「キリスト教と人権思想」所収別紙資料「憲法対観表」参照。

(55)『日本憲法科学の曙光』四四頁。

(56)『日本憲法科学の曙光』四一頁。

(57)「この憲法が日本国民に保障する基本的人権は、人類の多年にわたる自由獲得の努力の成果であって、これらの権利は、過去幾多の試練に堪へ、現在及び将来の国民に対し、侵すことのできない永久の権利として信託されたものである」。

(58) 二〇一二年四月二七日の自民党改憲案には、この条文を全文削除することが明記されているが、その説明については一言もなされていない。『日本国憲法改正草案Q&A』自由民主党　憲法改正推進本部、二〇一二年一〇月発行。

(59) この視点から明らかになる日本のキリスト教会の課題については、拙論「キリスト教と人権思想――日本国憲法への影響をめぐって」を参照せよ。

(60) 憲法研究所編『抵抗権』憲法研究所特集四（法律文化社、一九六五年）。日本法哲学会編『抵抗権』法哲学年報、一九五九（有斐閣、一九六〇年）。

(61) 大木英夫『ピューリタン・近代化の精神構造』（聖学院出版会、二〇〇六年）一九五頁。

(62) 大木英夫『ピューリタン・近代化の精神構造』一九七頁参照。

(63) 大木英夫『ピューリタン』一四四－一四五頁参照。

(64) 大木英夫『ピューリタン』一二八頁。

(65) 大木英夫『ピューリタン』一四五頁。

(66) 宮沢俊義『憲法Ⅱ』七九頁。

(67) 文部科学省「道徳教育の充実に関する懇談会」http://www.mext.go.jp/b_menu/shingi/chousa/shotou/096/（二〇一四年一二月二日閲覧）。

(68) 例えば「学校教育法及び国立大学法人法の一部を改正する法律」（平成二六年六月二七日公布）及び「学校教育法施行規則及び国立大学法人方施行規則の一部を改正する省令」（平成二六年八月二九日に公布）では、学内規則等の見直しが迫られている。

(69)『世界』No. 863（岩波書店、二〇一四年一二月）一一九－一二六頁参照。

(70) P. T. Forsyth, *Socialism, the Church and Poor* (London: Hodder & Stoughton, 1908) 11－12 から引用。

(71) P. T. Forsyth, *Socialism, the Church and Poor* 13.

第八章　タイにおける「信教の自由」の確立に与えたキリスト教の影響

森島　豊

はじめに

人権理念の法制化の過程にキリスト教の影響があることはすでに触れた。プロテスタント教会の教会改革運動の中でカルヴァンによって主張された抵抗権の理念は、英国のピューリタンたちの運動を支え、その理念に共感した社会的勢力が英国人の権利の保障を求める動きと結びつき、信教の自由を確立させる運動が起こった。その運動はピューリタン革命へと向かい、そこで人権理念が形成され、その法制化へと向かわせた。実際の人権理念の法制化は米国ヴァージニア州の憲法と独立宣言において歴史的に実現し、その後諸州の憲法にも影響を与えていった。彼らの背後には贖罪信仰に基づく信仰復興運動や大覚醒運動の影響があり、それらと政治的な思惑が結託して、摂理のような仕方で人権が法制化していったのである。キリスト教人権思想はその後日本の自由民権運動家たちに影響し、潜在的な仕方で日本国憲法の制定にまで影響を与えた。

プロテスタント教会の福音運動が人権理念の法制化に影響を与えたという歴史的事実は、アジアのタイ国においても実証できる。一八七八年一〇月八日タイの国王によって信教の自由を保障する『宗教寛容令』(付録1参照)が発布された。本章では、その勅令発布の経緯を報告し、そこにキリスト教の影響があることを実証する。

1 タイ北部宣教への道——ブラッドリーとマックギルバリー

タイ国とキリスト教の関係は、日本におけるキリスト教の関係と似た点が多くある。タイにキリスト教が伝えられたのは、他のアジア諸国と同様にカトリック教会の伝道からである。ウェルズによれば一六六二年にフランスのカトリック修道士が来たことから始まるが、その後タイにおける反フランス政府の対応により司祭や修道士が国外追放または投獄され、一四〇年間閉鎖的な状況が続いた[1]。プロテスタント教会の宣教は一八二八年八月二三日にタイに来た二人の宣教師から始まる。聖書翻訳で有名なドイツ人のカール・ギュツラフと英国人のジェイコブ・トムリンである。彼らはタイに在住する中国人に主に伝道していた[2]。その後アメリカン・ボード(the American Board of Commissioners for Foreign Missions)や米国長老宣教団(the American Presbyterian Mission)がタイ人に対する伝道に取り組んだ。

多くの宣教団体は一八六一年までバンコクにおける福音宣教に集中した[3]。これをタイ国の古い呼び名からシャム・ミッション(Siam Mission)と呼ばれる。一方、一八五八年にタイに来たダニエル・マックギルバリー(Daniel McGilvary)を通して、タイ北部とチェンマイに宣教地が広げられた。タイ北部への宣教はその地方の古い呼び名からラオ・ミッション(Lao Mission)と呼ばれているが、そこでの福音伝道はバンコクでの宣教以上に大きな成果をもたらした。仏教国であるタイではキリスト教人口が日本同様少なく、バンコクで一パーセント、その他の地域では〇・一パーセントであるのに対し、タイ北部のキリスト教人口は一〇パーセントを超えている。この要因の一つはマックギルバリーの働きが大きく関わっている。彼のその働きの中で『宗教寛容令』が生まれるのである。

マックギルバリーは一八二八年に生まれ、メソジストの日曜学校で教育を受け、メソジストの信仰復興運動の集会にも参加していたが、後に長老派教会に属するようになる。一八五三年プリンストン大学で学び、三巻本の『組織神学』を著したチャールズ・ホッジからも影響を受けている(4)。「キリストがまだ説教されていない場所(5)」へ行くという福音宣教の目的を持っていた彼は、ある時Ｓ・Ｒ・ハウス（Samuel Reynolds House）のシャム・ミッションの報告を聞いて、タイへの宣教に向かう決意が与えられた。その彼がタイ宣教で大きな成果を上げ、後の『宗教寛容令』の発布に至るには、彼が来る以前に活躍したタイ宣教の偉大な開拓者ダン・ビーチ・ブラッドリー（Dan Breach Bradley）の働きが欠かせなかった。マックギルバリーは後にブラッドリーの娘と結婚するのである（一八六〇年一二月六日）。

ブラッドリーは教派的に長老派に属していたが、教派主義者ではなく、会衆派や長老派など教派を超えて行動しており、第二次大覚醒運動の指導者の一人チャールズ・フィニー（Charles Grandison Finney）の影響を受けていた(6)。つまり、マックギルバリーもブラッドリーも若き日に贖罪信仰に基づく信仰復興運動の影響を受けて、海外伝道へと向かったのである。

医者であったブラッドリーは一八三五年七月一八日にバンコクに到着した。到着後、国王から天然痘とコレラに冒されていた患者を診るように求められ、診療所を開設した。当時のタイにおける重要な問題はコレラであった。ブラッドリーがタイに到着してから二年間の間に少なくともバンコクだけで三万五〇〇〇人の犠牲者が出ていた(7)。診療所には毎日一〇〇人ほどの患者が訪れたが、彼は主に中国人であった患者たちに聖書の一節の言葉を語りかけながら治療し続けた。

ブラッドリーは医療の働きにおいて数々の成果を成し遂げ、タイ人に受け止められていった。一八三七年一月一三日、怪我をした仏教聖職者の腕の切断手術を成功させた。これはシャムで行われた最初の外科手術であった。翌年には最初の天然痘予防接種に成功した。これに関心を示したラーマ三世は自分の主治医を派遣し、予防接種の方法を学ばせ、一八三九年ブラッドリーに多額の報奨金を与えた。また一八四〇年一月三一日ワクチンによる予防接種に成功した。ブラッドリーはタイにおいて偉大な医者として知られ、その働きによってプロテスタント宣教師に対する好意的な印象をタイ国に与えることになった。

ところが、一八四五年彼の最初の妻が結核で亡くなり、一時米国に帰国することになった。アメリカン・ボードも宣教地を中国へと移したこと、また多くの宣教師たちが病で亡くなったことを受け(8)、一八四九年にタイでの宣教に終止符を打つことになった。しかし、ブラッドリーはタイへの宣教を諦めず、二人目の妻と再婚した後、アメリカ宣教協会（the American Missionary Association）の支援を受け、一八五〇年五月一六日再びバンコクに戻った(9)。彼はアメリカン・ボードから購入した印刷機を通して、政府関係の出版物や新聞を発行し、政府関係者や広告団体との関係を持つと同時に、出版物の収入を通して宣教団体からの支援なしにタイでの宣教を続けることを可能にした。さらに、一八五一年八月一四日新しく王に即位したラーマ四世は、ブラッドリーの妻を含めた三人の女性宣教師を王宮に招き、王室の女性たちに英語を教えさせた。これは世界において宣教師たちが王室に与えた最初の教育となった。以上のように、マックギルバリーがタイに到着する前に、王宮との信頼関係がブラッドリーによって築かれていたのである。

この環境が整っている中で、マックギルバリーは一八五八年六月二〇日バンコクに到着した。彼は最初から王室や政府関係者と接触する機会を得た。一つはラーマ四世との謁見である。この機会はアメリカ領事館の好意でアメリカ大統領ジェームズ・ブキャナンの親書を手渡す役目を与えられたのである。また一八五九年バンコク西南に位置するペッチャブリーに行き、後にラーマ五世の治世で外務大臣になる政治家と会食をした。この政治家はブラッドリー夫人のもとで英語を学び、イギリスに外交使節団として派遣された経験を持っていた。そこで自分の息子に英語を学ばせたく、マックギルバリーにペッチャブリーへ来るよう求めた。その際、彼は「もし、私の息子に英語を教えてくれるのならば、キリスト教を好きなだけ教えても良い[10]」とキリスト教宣教の許可を与えたのである。一八六一年六月マックギルバリーはペッチャブリーに向かい、そこでタイ北部のラオ人が住む村を訪れ、北部への宣教の思いを募らせた。

タイ北部伝道の可能性の道は一八六六年一〇月に訪れた。チェンマイを治めていたチャオ・カーウィローロット（Chao Kawilorot）がバンコクを訪問したのである。マックギルバリーはチェンマイでのキリスト教宣教の許可を得るために、政治的な手段を利用して交渉した。アメリカ領事館の協力を得て、先の外務大臣となったペッチャブリーの政治家を通して、タイ国王にチェンマイでの伝道所開設の許可を求める書簡を送ったのである。国王からの返答は、チェンマイの王がバンコクにいるので、公式会見する場を設けるので直接訴えよ、という提案であった。会見の場には、国王の秘書、アメリカ領事、ブラッドリー、マックギルバリーそして他の宣教師が同席した。チェンマイ王は宣教師たちの要望に応え、「キリスト教信仰を教え、学校を建て、病人を癒す[11]」というマックギルバリーの目的を了解した。

2　チェンマイ宣教と迫害

チェンマイでの宣教は回心者を多く生み、バンコクでの二〇年間の宣教で得られた回心者の数をわずか二年余りの歳月で成し遂げた[12]。最初の七人の回心者の多くは中流階級に属し、社会の中で影響力を持つ地位についていた。特に、広く尊敬されていた仏教学者で元僧院長であったナーン・チャイ（Nan Chai）と王室の家畜を世話しつつ医者でもあったノーイ・スリヤ（Noi Sunya）がキリスト者になったことは大きな出来事であった。

チェンマイにおける急速なキリスト教の伝播はカーウィローロットに危機意識をもたらした。なぜならば、キリスト教はタイ北部に根付く古い社会構造と秩序を壊す恐れがあったからである[13]。タイ北部の王の統治権力は伝統的な社会の宗教と切り離しがたく結びついていた。しかし、伝統文化や習慣を通して維持されていたタイ北部の支配構造は、バンコク王朝（ラッタナコーシン王朝）が目論む「近代化と中央集権化（バンコクの力）[14]」という波に脅かされていた。キリスト教は近代化を進めるバンコク王朝と親しい関係を持っていた。そのキリスト教信仰の広がりはタイ北部の土地に根付いた社会構造を壊す危険があったのである。カーウィローロットは当初バンコクにおいてキリスト教回心者がほとんど現れなかったので、宣教師たちの働きを楽観的に受け止め、政治的な外交関係として受け入れていた。けれども、社会的地位のある人々への急速な影響を深刻に受け止め、政治的・宗教的指導者たちはキリスト教会に弾圧を加えていったのである。この状況は、日本においてキリスト教弾圧を起こした一つの原理と似ている。日本では抵抗思想に敏感な為政者たちが君主に抗う思想をもたらし得るキリスト教を危険視した[15]。タイにおいても同様な現象が起こったのである。これに対してマックギルバリーたちはキリスト教迫害に抗うため、近代化と中央集権化を進めたいバンコク王朝との親しい関係を利用して、チェンマイ国王と政治的駆け引きを行うのである。

弾圧の発端は一八六九年一月末、最初の回心者ナーン・インタ（Nan Inta）が礼拝へ参加するため、雇い主に日曜日の労働を断ったことにある[16]。当時、徭役《ようえき》労働の仕組みは統治者の権力の基盤であったが、その命令に背く行動は社会秩序そのものを揺るがすことでもあった（プライ制度）[17]。特に、ナーン・インタの信仰から生まれた行動は、王に勝るものへの忠誠を意味していたので、カーウィローロットにとっては見逃すことのできないことであった。彼はキリスト教信仰に潜在する王権に抗う行動に危機意識を持ったのである[18]。

最初の殉教者は一八六九年九月一四日に殺されたナーン・チャイとノーイ・スリヤであった[19]。彼らは王の命令を拒んだかどで逮捕されたが[20]、尋問された内容は「外国の宗教に入信したのか」ということであり、彼らはそれに「はい」と答えた。ナーン・チャイの妻がこの事態を宣教師に報告しようとしたとき、村長の密使が「宣教師に知らせれば彼女の命の保障はない」と脅し、彼女を夫が監禁されている場所に連行した。ナーン・チャイが妻へ最後に伝えた言葉は「宣教師たちに伝えてくれ。我々はキリスト者であるために殉教する」(21)という言葉であった。

宣教師たちはこの事実を知る由もなかったが、九月二六日殉教者の近隣の者が殺されたことを彼らに密かに伝えた。宣教師たちの身にも危険が迫り、マックギルバリーはブラッドリーに宛てて「我々は非常に危険な状況にあります。もし我々から何の便りもこなければ、我々は天国にいると思ってください」(22)と手紙を綴った。彼らの送った手紙はバンコクに届き、宣教団体はすぐにシャム政府に対応を迫った。それを受けて一一月二八日シャム政府の長官は大きな隊列を組んで二人の宣教師を伴い王印(Golden Seal)が付された書簡をカーウィローロットへ届けにやってきた。公式会見で読まれた書簡の内容は、「宣教師がチェンマイに滞在したいのならばそれを許可し、去りたいのならばそのようにし、いずれにしてもそれを促進するのであって妨害してはならない」という内容のものであった。(23)書簡には殉教者の事件について言及がなかったので、マックギルバリーが殺害された二人のキリスト者について問うと、カーウィローロットは「彼らは政府の仕事を怠ったために死刑になったけれども、それはあなたには関係のないことだ」(24)と述べるにとどまり、会見は終わろうとしていた。けれどもマックギルバリーは王が真実を語っていないことを論理的に説明し、公式会見の場で彼を糾弾をした。そこで王は激怒し、次のように語った。

そうだ。彼らがキリスト教を信奉しているから殺したのだ。同じように信じるすべての者を殺し続けるだろう。この土地の宗教から離れることは王に逆らうことなのだ。だからそのように取り扱う。もし宣教師たちが病人の治療を行うのならば、治療は続けられるだろう。けれども、キリスト者を生み出してはならない。つまり、キリスト教を布教してはならない。もしそのようにするのならば、宣教師をこの土地から追放する。（傍点筆者）(25)

この言葉からも、王がキリスト教信仰に、王権の支配構造を崩す可能性と抵抗思想の危険があることを感じていたことが分かる。

宣教師たちはチェンマイでの宣教がもはや不可能であることを感じ撤退することを決めるが、マックギルバリーは翌日再びカーウィローロットに謁見し、王がバンコクから帰国するまでの間チェンマイに滞在する約束を取り付けた。王より先にバンコクに戻った他の宣教師たちは、アメリカ領事館にこの事件を報告した。領事館は全力でシャム政府に働きかけ、カーウィローロットが宣教師たちに危害を加えないことを保障するよう圧力をかけた。さらに、「もしチェンマイにいるアメリカ人を守ることができなければ、アメリカ政府との間に深刻な障害がもたらされる」ことを警告した(26)。シャム政府は、カーウィローロットの死期が近いことを悟り、彼に圧力をかけることを避け、宣教師たちと親しい次の王について協議するという政治的対応をした。実際、カーウィローロットはチェンマイに戻る途上で病死したため、この件についてこれ以上悪い方向へ進展することはなかった。

二人の殉教者を出したこの事件は、キリスト教信仰が弾圧の対象であるという意識を与え、この次に起こる弾圧から身を守るため、信教の自由の保障へ向かわせる重要な道ぞなえとなった。

3　『宗教寛容令』の発布

タイ北部でのキリスト教宣教は、村落社会に起源を持つ精霊信仰や祖先の霊を崇拝する宗教、そしてその宗教と結びついた社会慣習と衝突することがあった。たとえば、マックギルバリーたちはキリスト教宣教によりその土地の諸霊を怒らせ米の不作をもたらしたと訴えられた(27)。実際には米の不作は宣教師たちが来る前から始まっており、チェンマイの他の地域にも広がっていたのであるが、そのような攻撃を受けることがあった。文化的慣習から来る衝突は、北部タイにおける最初のキリスト教結婚式においても生じた。そしてこの衝突が思わぬ方向に展開し、最終的に『宗教寛容令』が国王の勅書の形で発布されるに至ったのである。

発端は一八七八年のナーン・インタの長女の結婚式であった。新郎・新婦は共にキリスト者であり、北部タイにおける最初のキリスト教信者の結婚式となった。この結婚式には王室関係のゲストを数人招いていたが、その一人であるナーン・インタの君主との間に深刻な問題が生じた。彼は伝統的な習わしである家長への「精霊料（spirit fee）」を捧げなければ結婚を許可しないと主張したのである(28)。その習わしはもともと精霊への供え物として納められていたが、当時はその行為により結婚を合法として認めていた。けれども、それは成文化されていない社会の仕来りであり、極めて宗教的要素の強い行為であったため、キリスト教信者の家族はそれを偶像礼拝と受け止めたのである。しかし、その金銭は服属儀礼として君主に納めていたため、大きな問題に発展した。

宣教師たちはシャムの政府長官に訴えたが、彼はその問題がキリスト教に対して激しく反対しているチャオ・ウパラット（Chao Uparat）に帰属すると述べるに止まった。問題となっているナーン・インタの君主はウパラットの兄弟であるので、この問題は解決できないと思われた。しかし、マックギルバリーはこの問題をバンコク王ラーマ五世に訴えた。ラーマ五世はこれを王の職務を補佐するチェンマイ担当の長官プラヤー・テープ・ウォーラチュン（Phya Tep Worachun）に戻し、彼にこの件に関して勅令を出す権限を与えた。宣教師たちと親しかった長官はこの勅令をキリスト教信者の結婚に限定するのではなく、「一般的な宗教的寛容の主張[29]」のために作成することを提案した。起草された文章はアメリカ領事館のシッケルズ大佐を通して国王に届けられた。そして一八七八年一〇月八日『宗教寛容令』が発布されたのである（付録1、ⅰ頁、二二三頁の写真参照[30]）。

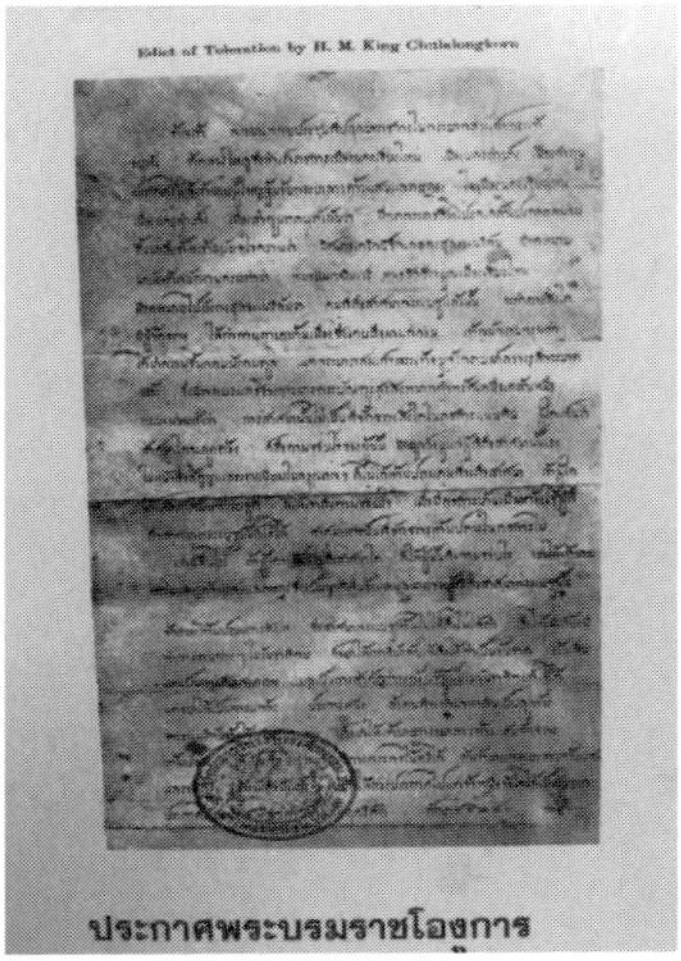
Edict of Toleration by H. M. King Chulalongkorn

ประกาศพระบรมราชโองการ

『宗教寛容令』

寛容令には信仰する宗教が理由で市民生活に支障をきたすことが起こらないことが宣言されていた。それは「いかなる宗教であれ、それが真理であると信じたならば、誰であれどんな制約も受けることなく信じることが許される[31]」という文言にあるように、またマックギルバリーが自伝に残した資料によれば「この宣言は……宗教的信仰と実践に関する全てのことについて、自らの良心の指示に従うことが許されていることを保障する」とあるように、信教の自由を保障していた[32]。ここで宣言されている『宗教寛容令』は「いかなる宗教」とあるが、特にキリスト教を名指しして、「より具体的には、誰であれキリスト教信仰を信じたいと望むならば、彼らは自らの選択に従って自由に信奉することが許されている[33]」と、キリスト教を保護する目的が明確に出ていた。また、「アメリカ人が礼拝に必要な人々を雇用することに対しても妨害をしてはならない。この点において〔二国間の〕条約は〔違反をしていないか〕監視しなければならない[34]」とあるように、アメリカ人、特に宣教師の安全保障が示されていた。

4　欧米とアジアの違い

タイの歴史上最初の信教の自由についての宣言がキリスト教との関わりの中で制定された事実を見てきた。それは偶然を伴う出来事であったが、マックギルバリーがピューリタンたちの愛用した「摂理[35]」という言葉を用いたように、ピューリタンたちの運動原理と類似性がある。ピューリタンたちは大陸で行われた教会改革運動の徹底を目的にしたが、彼らの集会が禁じられると、その運動は信教の自由を確立させる運動へと変化した。信教の自由を法的に保障したロジャー・ウィリアムズにおいても、良心の自由に従って、宗教が市民生活における差別を受けないことを、摂理という名のプロヴィデンス州の入植誓約書に記した。英国・米国の運動はキリスト教のなかの英国国教会と自由教会の衝突であるので、その意味ではタイにおける状況と異なるが、信仰運動の現象としては同じ原理が働いたと言えるだろう。タイ北部においては、キリスト教信仰とタイの土着した宗教・文化慣習との間に衝突が起こり、偶像礼拝を避けて聖書の神に従うことを求めた信仰者が生じた。しかも、タイ人キリスト者の中から権力に抗して自らの信仰を貫く人々が出てきたことは、カーウィローロットが政治的感覚から悟ったように、抵抗権につながる思想であり、為政者がもっとも恐れる行動であった。そこにマックギルバリーという極めて政治的センスの高い宣教師の存在を通して、タイにおいても信教の自由を法的に保障することへ至らせる出来事が起こったのである。

ところで、マックギルバリーを含めた多くの者たちが『宗教寛容令』をタイ教会史における大きな成果であると評価するのに対して、これを懐疑的に捉える研究者もいる。タイ北部のキリスト教史に関して優れた研究をしたスワンソンは、この勅令が保障する信教の自由を「根本的な誤解」であるとし、「神話」とまで言及している。[36] 彼がそのように判断する理由は大きく二つある。一つは、「国王が勅令を発布したのではなく、発布する許可を与えた[37]」ということである。二つ目は、この勅令が出された後も、北部タイで迫害が続いたことであり、こちらの方が重要な根拠となっている。スワンソンは宣教師ウィルソンが報告している二つの迫害を紹介して、「勅令それ自体が北部におけるキリスト教を信仰する自由を現実的に保障しているということは疑わしい[38]」と結論している。

この問題の本質は日本における信教の自由と比較した時に理解できるだろう。日本においても、明治の大日本帝国憲法において信教の自由を保障した。けれども、キリスト教会はその後も数々の迫害を経験し、特に昭和の戦争時にホーリネス教会に大きな弾圧が加えられたことが知られている。信教の自由が憲法で定められていたにも関わらず迫害が続いた理由は、その法の制定が欧米列強との交渉の条件だったからであり、政治的手段に過ぎなかったからである。「日本型政教分離[39]」の仕方で成立させた擬似信教の自由は、神的存在である天皇の国体に触れない限り保障されていた[40]。同様に、タイにおける『宗教寛容令』の成立はアメリカ政府の圧力による政治的な外交交渉であった。したがって、宣教師の手の届かないところで起こるタイ人キリスト者に関する出来事には適用されていない可能性が大きいのである。実際にこの勅令が語っている現実的な意味はアメリカ人宣教師の活動における安全保障である。

このことから次のことが明らかになるであろう。一つは、「信教の自由」の法的保障がタイにおいてもキリスト教の影響で法制化されていったことである。けれども、欧米で確立されたものとタイのそれとは大きな相違がある。欧米においては、その土地に生きる人々が血を流して勝ち取ったものであるが、タイにおいては外から来た宣教師たちが勝ち取ったものである。しかも、その保障は政治的な外交問題において確立されていた。したがって、日本においてもタイにおいても、そこに生きる市民が権利として戦って勝ち取らない限り擬似信教の自由であり続け、統治制度に触れる恐れがある場合にその自由が保障されない可能性が大きいということである。市民の権利を勝ち取るためには、その原動力となる信仰原理（キリストの十字架による贖罪の恵み）に生きている人間が必要であり、キリスト教文化価値に共感する社会勢力との結びつきが重要であると言えるだろう。この点において、キリスト教会の福音伝道の働きとキリスト教学校の教育が持つ可能性は極めて大きいと言えるだろう。

注

（1）Cf. Kenneth E. Wells, *History of Protestant Work in Thailand*（Bangkok: Church of Christ in Thailand, 1958）5.

（2）Cf. Anthony Farrington ed., *Early Missionaries in Bangkok: The Journal of Tomlin, Gutzlaff and Abeel 1828–1832*（Bangkok: White Lotus, 2001）.

（3）Cf. Alex Smith, Siamese Gold, A History of Church Growth in Thailand: An Interpretive Analysis 1816–1982（Bangkok: Kanok Bannasan[OMF Publishers], 1981）54. 図1『タイ・キリスト教人口地図』の典拠は以下を参照。https://thaichurches.org/harvest/mapping/CP/map.html?displaying=EN&lang=sec.（二〇一八年一二月二七日閲覧）.

（4）Cf. Daniel McGilvary, *A Half Century Among the Siamese and the Lao: An Autobiography*（New York; Chicago [etc.]: Fleming H. Revell Company, 1912）36.

（5）McGilvary, *A Half Century Among the Siamese and the Lao*, 37.

（6）Cf. Donald G. Lord, *Mo Bradley and Thailand*（Michigan: William B. Eerdmans, 1969）16, 39–40

（7）Cf. George Bradley McFarland, ed., *Historical Sketch of Protestant Missions in Siam 1828–1928*（Bangkok: Bangkok Times Press, 1928）196.

（8）六一人が病や不慮の事故で亡くなっている。Cf. Wells, *History of Protestant Work in Thailand*, 2.

（9）*Bangkok Recorder*. *Bangkok Calendar*. 特に*Bangkok Calendar*はタイの文化や歴史的記録として歴史家に重んじられ、後にマックファーランドがタイ語に翻訳したそれは国立図書館が出版し、所蔵することとなった。Cf. McFarland, ed., *Historical Sketch of Protestant Missions in Siam*, 2.

（10）McGilvary, *A Half Century Among the Siamese and the Lao*, 49.

（11）McGilvary, *A Half Century Among the Siamese and the Lao*, 69.

（12）Cf. Herbert R. Swanson, *Khrischak Muang Nua: A study in Northern Thai Church History*（Bangkok: Chuan Printing Press, 1984）12, 170.

（13）Cf. Swanson, *Khrischak Muang Nua*, 21.
（14）Swanson, *Khrischak Muang Nua*, 21.
（15）拙著『人権思想とキリスト教』（教文館、二〇一六年）参照。
（16）Cf. McGilvary to Irving, 27 Jan. 1869, and 1 March 1869, in *Record of the Board of Foreign Missions*, vol. 3. Cf. Swanson, *Khrischak Muang Nua*, 13.
（17）プライとは、奴隷ではない一般大衆であり、王族・貴族と奴隷の間に位置する身分の市民であった。王室の労働につくため、政府の定める労働奉仕を行うこの制度は、人々をよく管理するための重要な基盤であった。石井米雄『タイ近世史研究序説』（岩波書店、一九九九年）二四二－二六二頁参照。田中忠治『タイ――歴史と文化』（日中出版、一九八八年）五八－六〇頁参照。
（18）マックギルバリーは背後でフォンセカという名のポルトガルの冒険家がチェンマイ王を唆したと推測している。Cf. McGilvary, *A Half Century Among the Siamese and the Lao*, 102–103.
（19）Cf. McGilvary, *A Half Century Among the Siamese and the Lao*, 114–117.
（20）McGilvary, *A Half Century Among the Siamese and the Lao*, 116.
（21）McGilvary, *A Half Century Among the Siamese and the Lao*, 117.
（22）McGilvary, *A Half Century Among the Siamese and the Lao*, 111.
（23）Cf. McGilvary, *A Half Century Among the Siamese and the Lao*,123.
（24）McGilvary, *A Half Century Among the Siamese and the Lao*, 123.
（25）McGilvary, *A Half Century Among the Siamese and the Lao*, 123.
（26）Cf. Swanson, *Khrischak Muang Nua*, 17.
（27）Cf. McGilvary, *A Half Century Among the Siamese and the Lao*, 103–104.
（28）Cf. McGilvary, *A Half Century Among the Siamese and the Lao*, 207.
（29）McGilvary, *A Half Century Among the Siamese and the Lao*, 210.
（30）“Proclamation of Religious Tolerance for the Laos,” *North Carolina Presbyterian* New Series 12, 579 (12

February 1879): 1. Cf. McGilvary, *A Half Century Among the Siamese and the Lao*, 215–217.

(31) "Proclamation of Religious Tolerance for the Laos," 1.

(32) McGilvary, *A Half Century Among the Siamese and the Lao*, 216.

(33) "Proclamation of Religious Tolerance for the Laos," 1.

(34) "Proclamation of Religious Tolerance for the Laos," 1.

(35) McGilvary, *A Half Century Among the Siamese and the Lao*, 138.

(36) Swanson, *Khrischak Muang Nua*, 28.

(37) Swanson, *Khrischak Muang Nua*, 28.

(38) Swanson, *Khrischak Muang Nua*, 28.

(39) 安丸良夫『神々の明治維新――神仏分離と廃仏毀釈』（岩波新書、一九七九年）二〇八－二〇九頁参照。

(40) 拙著『人権思想とキリスト教』四九－六三頁参照。

あとがき

本書は二〇一五年から二〇一七年まで行われた青山学院大学総合研究所の研究プロジェクト「贖罪思想の社会的影響の研究」の共同研究（代表・森島豊）を基にして、各メンバーが執筆した論文集である。それぞれの初出は以下の通りである。

大島力が執筆した第一章は、「イザヤ書の全体像」『キリスト教と文化』三一号（青山学院大学、二〇一六年）、「『苦難の僕の詩』と贖罪思想に関する一考察」『キリスト教と文化』三三号（青山学院大学、二〇一七年）に掲載した論文を大幅に修正・加筆し、ダニエル書における影響史的考察を新たに加えたものである。髙砂民宣が執筆した第二章は、「ヨハネ福音書における贖罪論」『青山経営論集』第五三巻別冊（青山学院大学経営学会、二〇一八年）に掲載した論文に若干の修正と加筆を施したものである。第三章は研究プロジェクトで青山学院大学に招待したハンス・マルティン・バルトによる公開講演会の講演（二〇一七年九月二〇日）であり、日本聖書協会編『「宗教改革五〇〇年記念ウィーク」講演集』（日本聖書協会、二〇一七年）に掲載されたものである。須田拓が執筆した第四章は本書のために書き下ろした論考である。森島豊が執筆した第五章と第七章は、中外日報社涙骨賞を受賞した論文「日本におけるキリスト教人権思想の影響と課題」『キリスト教と文化』三一号（青山学院大学、二〇一六年）に掲載したものに、信仰復興運動の影響を加筆して、二つに分けて整えたものであり、信仰復興運動の部分は平成二七年度の科学研究費助成金（若手研究〈B〉）の研究成果の一部である。なお同氏の『人権思想とキリスト教』（教文館、二〇一六年）は先の論文を骨格としており、文章に重なりがあることを断っておく。また第六章は、同氏の『フォーサイス神学の構造原理』（新教出版社、二〇一〇年）第二章の一部を本書の文脈に合わせて多少修正し再録したもの、第八章は本書のために書き下ろした論考である。

本研究プロジェクトを進めるにあたり、協力してくださった方々にお礼を申し上げたい。特に、公開講演のために日本に来てくださり、本書にも寄稿してくださったハンス・マルティン・バルト氏、ご多忙の中で旧約聖書における贖罪について二回研究発表をしてくださった東京神学大学学長の大住雄一氏に感謝の意を表したい。未開拓分野であるタイにおけるキリスト教史については、タイでの宣教活動をされておられた松下展久氏と牧野直之氏の協力を得た。特に牧野氏からは貴重な情報とタイ研究者を紹介していただき、助けをいただいた。また、本研究プロジェクトの審査を担当された先生方の貴重なご指摘と支え、さらに総合研究所の職員の方々にもお礼を申し上げたい。最後に、本書の出版を快く引き受けてくださった教文館の渡部満社長と、編集実務を担当された福永花菜氏に心からの謝意を申し上げたい。

二〇一九年三月一日

大島　力

付録1.『宗教寛容令(1)』

わたくし、プラヤー・テープ・ウォーラチュンは、チェンマイ、ラムプーンおよびラカウンにおける最高統治者であるシャム王陛下の代理として、王族、支配者たち、さまざまな位の役人たちに向けて、そして都市および定められた地方に住む一般民衆に向けて宣言する。シャム国王陛下は王家の紋章を付して丁重に親書を私にお送り遊ばせた。その手紙には、合衆国領事D・B・シッケルズ殿が、D・マックギルバリー牧師とM・A・チーク博士の署名した告訴を、すなわちキリスト者たちを苦しめ、彼らに古い宗教的習慣を強制するような一団に対する申し立てを、シャム国の外務大臣に伝えたとのことである。外務大臣はその件を陛下に提出し、陛下はその訴えを丁重にお聞きになった。そしてまさにそのことに関して以下の勅令を発された。

宗教と市民の義務は、衝突するものではない。いかなる宗教であれ、それが真理であると信じたならば、誰であれどんな制約も受けることなく信じることが許される。正しいことと間違っていることを判断する責任は、個人の選択にゆだねられている。いかなる宗教的礼拝も、シャムの法律や慣習または外国との諸条約において、それを制約するものは何もない。

より具体的には、誰であれキリスト教信仰を信じたいと望むならば、彼らは自らの選択に従って自由に信奉することが許されている。この宣言は、これより先、〔キリスト教を信仰するにあたり〕この国に存在するすべての懸念を完全に取り除くことを目的に考案されている。

さらに、王族および支配者達に対して、またキリスト者になることを望むものたちの親族及び友人たちに対して、以下のことが厳格に課せられる。彼らの進む道に障害となるものを置いてはならない。キリスト者に彼らの宗教が禁止するような信仰を強要したり、仕事を行なわせてはならない。それは精霊への崇拝やお供え、そして安息日の労働などである。例外として戦争や避けられない重要な仕事の場合は除くが、しかしそれを装って偽ることはしてはならない。彼らは安息日を遵守する自由を有している。アメリカ人が礼拝に必要な人々を雇用することに対しても妨害をしてはならない。この点に

おいて〔二国間の〕条約は〔違反をしていないか〕監視しなければならない。

ひとたびこの宣言が、王族、支配者および役人、そして市民に周知されたなら、ここに含まれる原則に違反しないよう注意しなければならない。

この宣言は、第12番目の上弦の月の第11日、寅年、陛下の即位11年目に制定された。〔1878年10月8日〕

注

（1）『宗教寛容令』のマックギルバリーによる英訳は二つ存在する。一つは *North Carolina Presbyterian* に掲載された新聞記事。もう一つはマックギルバリーの自伝の中に掲載されている。ここでは宣言として言葉が整理されている新聞記事の方を用いている。“Proclamation of Religious Tolerance for the Laos,” *North Carolina Presbyterian* New Series 12, 579 (12 February 1879): 1. Cf. McGilvary, *A Half Century Among the Siamese and the Lao,* 215-217.

付録2．　Atonement 聖書対観表

Tyndale 聖書における太枠は、Tyndale 訳だけが Atonment または atone としている箇所

ヒブル語とギリシャ語における太枠は、כפר と ἐξιλάσκομαι と καταλλαγη 以外の語源の箇所

Tyndale 聖書	Genevan 1560 (GNV)	King James 1611 (KJV)	ヒブル語	ギリシャ語
Ex. 29:33	GNV Exo. 29:33	KJV Exo. 29:33	כפר	ἁγιάζω
		KJV Exo. 29:36		
		KJV Exo. 29:37		
		KJV Exo. 30:10		
Ex. 30:15		KJV Exo. 30:15	כפר	ἐξιλάσκομαι
Ex. 30:16		KJV Exo. 30:16	כפר	ἐξιλάσκομαι
Ex. 32:6			שֶׁלֶם(shelem)	σωτήριος
Ex. 32:30		KJV Exo. 32:30	כפר	ἐξιλάσκομαι
Lev. 01:4	GNV Lev. 1:4.	KJV Lev. 1:4	כפר	ἐξιλάσκομαι
Lev. 04:20	GNV Lev. 4:20	KJV Lev. 4:20	כפר	ἐξιλάσκομαι
Lev. 04:26	GNV Lev. 4:26	KJV Lev. 4:26	כפר	ἐξιλάσκομαι
Lev. 04:31	GNV Lev. 4:31	KJV Lev. 4:31	כפר	ἐξιλάσκομαι
Lev. 04:35	GNV Lev. 4:35	KJV Lev. 4:35	כפר	ἐξιλάσκομαι
Lev. 05:6	GNV Lev. 5:6	KJV Lev. 5:6	כפר	ἐξιλάσκομαι
Lev. 05:10	GNV Lev. 5:10	KJV Lev. 5:10	כפר	ἐξιλάσκομαι
Lev. 05:13	GNV Lev. 5:13	KJV Lev. 5:13	כפר	ἐξιλάσκομαι
Lev. 05:16	GNV Lev. 5:16	KJV Lev. 5:16	כפר	ἐξιλάσκομαι
Lev. 05:18	GNV Lev. 5:18	KJV Lev. 5:18	כפר	ἐξιλάσκομαι
Lev. 06:7	GNV Lev. 6:7	KJV Lev. 6:7	כפר	ἐξιλάσκομαι
	GNV Lev. 7:7	KJV Lev. 7:7	כפר	ἐξιλάσκομαι
	GNV Lev. 8:34	KJV Lev. 8:34	כפר	ἐξιλάσκομαι
Lev. 09:7	GNV Lev. 9:7	KJV Lev. 9:7	כפר	ἐξιλάσκομαι
	GNV Lev. 10:17	KJV Lev. 10:17	כפר	ἐξιλάσκομαι

Lev. 12:7	GNV Lev. 12:7	KJV Lev. 12:7	כפר	ἐξιλάσκομαι
Lev. 12:8	GNV Lev. 12:8	KJV Lev. 12:8	כפר	ἐξιλάσκομαι
Lev. 14:18	GNV Lev. 14:18	KJV Lev. 14:18	כפר	ἐξιλάσκομαι
Lev. 14:19	GNV Lev. 14:19	KJV Lev. 14:19	כפר	ἐξιλάσκομαι
Lev. 14:20	GNV Lev. 14:20	KJV Lev. 14:20	כפר	ἐξιλάσκομαι
Lev. 14:21		KJV Lev. 14:21	כפר	ἐξιλάσκομαι
Lev. 14:29	GNV Lev. 14:29	KJV Lev. 14:29	כפר	ἐξιλάσκομαι
Lev. 14:31	GNV Lev. 14:31	KJV Lev. 14:31	כפר	ἐξιλάσκομαι
Lev. 14:53	GNV Lev. 14:53	KJV Lev. 14:53	כפר	ἐξιλάσκομαι
Lev. 15:15	GNV Lev. 15:15	KJV Lev. 15:15	כפר	ἐξιλάσκομαι
Lev. 15:30	GNV Lev. 15:30	KJV Lev. 15:30	כפר	ἐξιλάσκομαι
Lev. 16:6	GNV Lev. 16:6	KJV Lev. 16:6	כפר	ἐξιλάσκομαι
		KJV Lev. 16:10	כפר	ἐξιλάσκομαι
		KJV Lev. 16:11	כפר	ἐξιλάσκομαι
		KJV Lev. 16:16	כפר	ἐξιλάσκομαι
Lev. 16:17	GNV Lev. 16:17	KJV Lev. 16:17	כפר	ἐξιλάσκομαι
		KJV Lev. 16:18	כפר	ἐξιλάσκομαι
Lev. 16:24	GNV Lev. 16:24	KJV Lev. 16:24	כפר	ἐξιλάσκομαι
Lev. 16:27		KJV Lev. 16:27	כפר	ἐξιλάσκομαι
Lev. 16:30	GNV Lev. 16:30	KJV Lev. 16:30	כפר	ἐξιλάσκομαι
Lev. 16:32	GNV Lev. 16:32	KJV Lev. 16:32	כפר	ἐξιλάσκομαι
Lev. 16:33	GNV Lev. 16:33	KJV Lev. 16:33	כפר	ἐξιλάσκομαι
Lev. 16:34	GNV Lev. 16:34	KJV Lev. 16:34	כפר	ἐξιλάσκομαι
Lev. 17:11,12	GNV Lev. 17:11	KJV Lev. 17:11	כפר	ἐξιλάσκομαι
Lev. 19:22	GNV Lev. 19:22	KJV Lev. 19:22	כפר	ἐξιλάσκομαι
Lev. 23:27		KJV Lev. 23:27	כפר	ἐξιλασμός
Lev. 23:28	GNV Lev. 23:28	KJV Lev. 23:28	כפר	ἐξιλασμός,/ ἐξιλάσκομαι
Lev. 25:9		KJV Lev. 25:9	כפר	ἱλασμός
Lev. 26:41			עָוֹן(avon)	ἁμαρτίας
Lev. 26:43			עָוֹן(avon)	ἀνομία

Num. 5:8	GNV Num. 5:8	KJV Num. 5:8	כפר	ἱλασμός/ ἐξιλάσκομαι
Num. 6:11	GNV Num. 6:11	KJV Num. 6:11	כפר	ἐξιλάσκομαι
Num. 8:12	GNV Num. 8:12	KJV Num. 8:12	כפר	ἐξιλάσκομαι
Num. 8:19	GNV Num. 8:19	KJV Num. 8:19	כפר	ἐξιλάσκομαι
Num. 8:21	GNV Num. 8:21	KJV Num. 8:21	כפר	ἐξιλάσκομαι
Num. 15:25	GNV Num. 15:25	KJV Num. 15:25	כפר	ἐξιλάσκομαι
Num. 15:28	GNV Num. 15:28	KJV Num. 15:28	כפר	ἐξιλάσκομαι
Num. 16:46	GNV Num. 16:46	KJV Num. 16:46	כפר	ἐξιλάσκομαι
Num. 16:47	GNV Num. 16:47	KJV Num. 16:47	כפר	ἐξιλάσκομαι
Num. 25:13	GNV Num. 25:13	KJV Num. 25:13	כפר	ἐξιλάσκομαι
Num. 28:22	GNV Num. 28:22	KJV Num. 28:22	כפר	ἐξιλάσκομαι
Num. 28:30	GNV Num. 28:30	KJV Num. 28:30	כפר	ἐξιλάσκομαι
Num. 29:5	GNV Num. 29:5	KJV Num. 29:5	כפר	ἐξιλάσκομαι
Num. 29:11	GNV Num. 29:11	KJV Num. 29:11	כפר	ἐξιλάσκομαι
Num. 31:50	GNV Num. 31:50	KJV Num. 31:50	כפר	ἐξιλάσκομαι
Num. 35:32			כפר	λύτρον
	GNV 2 Sam. 21:3	KJV 2 Sam. 21:3	כפר	ἐξιλάσκομαι
	GNV 1 Chr. 6:49	KJV 1 Chr. 6:49	כפר	ἐξιλάσκομαι
		KJV 2 Chr. 29:24	כפר	ἐξιλάσκομαι
	GNV Neh. 10:33	KJV Neh. 10:33	כפר	ἐξιλάσκομαι
Rom. 5:11	GNV Rom. 5:11	KJV Rom. 5:11		καταλλαγη,
2Co. 5:18				καταλλάσσω/ καταλλαγη,
2Co. 5:19				καταλλαγη,
2Co. 5:20				καταλλάσσω
Rev. 18:19				

――ジョン・オーウェンの場合」『伝道と神学』（7 号、2017 年）ほか。

森島　豊（もりしま・ゆたか）
青山学院大学准教授
著書　『フォーサイス神学の構造原理――Atonement をめぐって』（新教出版社、2010 年）、『人権思想とキリスト教――日本の教会の使命と課題』（教文館、2016 年）、『これからの日本の説教――加藤常昭をめぐって』（編著、キリスト新聞社、2011 年）ほか。

執筆者紹介（掲載順）

大島　力（おおしま・ちから）
青山学院大学教授
著書　『預言者の信仰――神から遣わされた人々』（1995年）、『聖書は何を語るか』（1998年）、『旧約聖書と説教』（共著、2013年）、『聖書の中の祈り』（2016年）（以上、日本基督教団出版局）、『旧約聖書と現代』（NHK出版、2000年）、『イザヤ書は一冊の書物か？――イザヤ書の最終形態と黙示的テキスト』（教文館、2004年）、『図解聖書』（監修、西東社、2010年）、『名画で読み解く「聖書」』（監修、世界文化社、2013年）ほか。

髙砂民宣（たかさご・たみのぶ）
青山学院大学准教授
著書・論文　『栄光のキリスト――ヨハネによる福音書の受難物語』（新教出版社、2013年）、「第四福音書の受難物語（18－19章）における福音書記者の神学――主に伝承史・編集史的角度から」「ヨハネ福音書のイエス――道・真理・命なるキリスト」『キリスト教文化』（24号、2009年）ほか。

H.-M. バルト（Hans-Martin Barth）
マールブルク大学プロテスタント神学部組織神学・宗教哲学名誉教授
著書　『浄土真宗と福音主義神学――第三回国際ルードルフ・オットー・シンポジオン』（共編、法蔵館、2000年）。『世俗化からの挑戦に直面する仏教とキリスト教』（共編、法藏館、2004年）。*Der Teufel und Jesus Christus in der Theologie Martin Luthers*. Göttingen 1967 (FKDG 19). *Die Theologie Martin Luthers. Eine kritische Würdigung*. Gütersloh 2009 (englisch: Fortress Press, Minneapolis/USA 2013; koreanisch: Christian Literature Society of Korea, Seoul 2015). *Selbstfindung und christlicher Glaube*, München 2017 ほか多数。

須田　拓（すだ・たく）
東京神学大学准教授、日本基督教団橋本教会牧師
著書・論文　「聖霊の位格性と働き」『神学』（76号、2014年）、「ヴォルフハルト・パネンベルクにおける福音と教会」『伝道と神学』（6号、

青山学院大学総合研究所叢書
贖罪信仰の社会的影響　旧約から現代の人権法制化へ

2019年3月30日　初版発行

編　者　青山学院大学総合研究所キリスト教文化研究部
発行者　渡部　満
発行所　株式会社　教文館
〒104－0061 東京都中央区銀座 4－5－1 電話03(3561)5549 FAX03(5250)5107
URL http://www.kyobunkwan.co.jp/publishing/
印刷所　モリモト印刷株式会社

配給元　日キ販　〒162－0814　東京都新宿区新小川町 9－1
電話 03(3260)5670　FAX 03(3260)5637

ISBN 978－4－7642－6142－6　Printed in Japan